Парамаханса Йогананда
(1893 — 1952)

Парамаханса Йогананда

РЕЛИГИЯ КАК НАУКА

С предисловием Дугласа Эйнсли

Self-Realization Fellowship
FOUNDED 1920 BY PARAMAHANSA YOGANANDA

«Религия как наука», самая первая из всех изданных книг Парамахансы Йогананды, занимает особое место в архиве общества Self-Realization Fellowship. Книга представляет собой расширенную версию первого выступления Шри Йогананды в Америке — исторической лекции, ставшей предтечей его учения в западном мире. Прочитанная в 1920 году на Международном конгрессе религиозных либералов в Бостоне, она была горячо принята делегатами, а позже и широкой публикой, для которой она стала доступна в виде печатной брошюры. В 1924 году Шри Йогананда расширил текст своей лекции, и основанное им общество опубликовало ее в виде книги. С тех пор «Религия как наука» регулярно переиздается. Начиная с 1928 года все издания сопровождаются предисловием, написанным выдающимся английским политиком и философом Дугласом Грантом Дафф Эйнсли.

Название англоязычного оригинала, издаваемого
Self-Realization Fellowship, Лос-Анджелес (Калифорния):
The Science of Religion

ISBN: 978-0-87612-005-7

Перевод на русский язык: Self-Realization Fellowship

Одобрено Международным Издательским Советом
Self-Realization Fellowship

Название общества *Self-Realization Fellowship* и его эмблема (помещенная выше) присутствуют на всех книгах, аудио-, видеозаписях и других публикациях SRF, удостоверяя, что читатель имеет дело с материалами организации, которая основана Парамахансой Йоганандой и передает его учения точно и достоверно.

Первое издание на русском языке, 2013
First edition in Russian, 2013

ISBN: 978-0-87612-406-2

1162-J7434

Духовное наследие Парамахансы Йогананды

*Полное собрание его письменных трудов,
лекций и неформальных бесед*

Парамаханса Йогананда основал общество Self-Realization Fellowship* в 1920 году с целью распространения своих учений по всему миру и сохранения этих учений в чистоте и целостности для будущих поколений. Плодовитый автор и неутомимый лектор, он создал за время своего пребывания в Америке замечательное и огромное по своему объему собрание работ, в которых освещаются многочисленные темы на предмет научной йогической медитации, искусства сбалансированной жизни и основополагающего единства всех великих религий. Сегодня это уникальное и далеко идущее духовное наследие живет и вдохновляет миллионы искателей истины со всего света.

Согласно пожеланиям великого Мастера, в Self-Realization Fellowship идет непрерывная работа по опубликованию и постоянному выходу в печать полного собрания работ Парамахансы Йогананды. В него входят не только последние издания всех книг, выпущенных

---

* Буквально «Содружество Самореализации»; произносится как [сэлф риализэйшин феллоушип]. Парамаханса Йогананда объяснил, что название общества означает «союз с Богом через Самореализацию (осознание своего истинного „Я") и братская дружба со всеми искателями Истины».

еще при его жизни, но и новые материалы. Среди них — письменные труды Мастера, которые либо не печатались со времени его ухода в 1952 году, либо на протяжении лет публиковались отрывочными сериями в журнале общества Self-Realization Fellowship. Под рубрикой «Полное собрание сочинений Парамахансы Йогананды» будут также представлены сотни его глубоко вдохновляющих лекций и неформальных бесед — записанных, но не опубликованных при его жизни.

Парамаханса Йогананда лично отобрал и обучил близких ему учеников, которые возглавляют Издательский Совет Self-Realization Fellowship, и дал им особые указания относительно подготовки и публикации его учений. Члены Издательского Совета SRF* свято чтут заветы любимого Учителя и придерживаются его инструкций, чтобы универсальное учение продолжало жить, сохраняя свою изначальную силу и подлинность.

Название Self-Realization Fellowship и эмблема SRF (помещенная выше) были придуманы Шри Йоганандой как отличительный символ организации, основанной им для распространения его духовного и гуманитарного наследия во всем мире. Они присутствуют на всех книгах, аудио- и видеозаписях, фильмах и других публикациях Self-Realization Fellowship, удостоверяя, что читатель имеет дело с материалами организации, которая основана Парамахансой Йоганандой и передает его учение достоверно — так, как он сам хотел бы его представлять.

Self-Realization Fellowship

---

* Аббревиатура Self-Realization Fellowship; произносится как[эс-эр-эф].

Эта книга с любовью посвящается светлой памяти высокочтимого махараджи Шри Маниндры Чандра Нунди (Кашимбазар, Бенгалия) за его добродетельность и щедрость в поддержании общественно значимых начинаний и изначальное покровительство созданию школы-интерната для мальчиков *Yogoda Satsanga* в Ранчи, штат Бихар.

Содержание

Предисловие

*Дугласа Гранта Дафф Эйнсли (1865–1948),
английского дипломата, философа, поэта и делегата
Международного конгресса по философии в Гарварде*

Эта небольшая по объему книга предлагает ключ к разгадке мироздания. Ее ценность невозможно передать словами, потому что под этой тонкой обложкой собран весь цвет *Упанишад* и *Вед*: суть учения Патанджали, выдающегося толкователя философии йоги и ее метода, и впервые представляемая широкой публике мысль Шанкары, величайшего ума, который когда-либо жил в бренном теле.

Перед вами взвешенная речь одного из тех, кто после долгих странствий наконец нашел на Востоке ключ к разгадке мира. Индийцы открыли миру Истину. И это вполне естественно, учитывая, что пять тысячелетий назад, в то время как предки бриттов, галлов, греков и римлян — тогда еще в чистом виде варваров — бродили по необъятным лесам Европы в поисках пищи, индийцы уже пытались разгадать тайну жизни и смерти, которые, как мы ныне знаем, суть одно.

Существенное отличие учения Парамахансы Йогананды от учений европейских философов, таких как Бергсон, Гегель и других, заключается в том, что оно представляет собой не отвлеченное умозрительное рассуждение, а конкретный практический метод — даже когда оно касается глубин метафизики. Причина этого отличия кроется в том, что именно индийцы, и никто другой, проникли за завесу мира и владеют знанием, которое на самом деле является не философским, то есть «любовью к мудрости», а истинным знанием, которое суть сама мудрость. Когда это знание выражается с помощью словесной диалектики, оно неминуемо становится предметом критики философов, чья жизнь, по словам Платона, состоит из постоянного участия в дискуссиях. Истина не может быть выражена словами, и, когда кто-то все-таки использует слова, будь он даже самим Шанкарой, острый ум всегда сможет найти уязвимое место для атаки. Известно, что ограниченное не может вместить в себя безграничное. Истина есть Истина, а не вечная дискуссия. Из этого следует, что познать ее можно лишь путем личного осознания, к которому ведет практика метода, предлагаемого Парамахансой Йоганандой.

Весь мир жаждет блаженства, как говорит и доказывает Парамаханса, но желание получить наслаждение вводит большинство людей в заблуждение. Сам Будда предельно ясно утверждал, что именно желания, преследуемые из-за нашего незнания их природы, заводят нас в болото страданий, где беспомощно барахтается большая часть человечества.

Однако Будда не осветил с такой же ясностью последний из четырех методов, ведущих к достижению блаженства, которого все мы так жаждем. Этот четвертый метод — самый доступный, но для того, чтобы достичь практических результатов, он требует руководства со стороны духовного мастера. Такой мастер теперь находится среди нас, и он готов поделиться с Западом вековым наследием древних философов Индии: методами и простыми правилами, ведущими к познанию нескончаемого блаженства.

В индуистской философии и духовной практике всегда придавалось большое значение прямому общению с духовным наставником. До сегодняшнего дня оно было доступно только тем, кому посчастливилось жить на земле Индии. И сейчас, когда оно практически у наших дверей, мы, живущие на Западе, поступили бы немудро, если бы отказались опробовать этот метод, практика которого сама по себе блаженна. И «намного блаженней всех самых прекрасных наслаждений, которые наши пять органов чувств или ум позволяют нам испытать», — искренне заявляет Парамаханса Йогананда и добавляет: «У меня нет необходимости приводить другие доказательства этой истины — каждый может убедиться в ней на собственном опыте».

Чтение этой небольшой книги может стать первым шагом. Остальные шаги, необходимые для познания полного блаженства, последуют сами собой.

В заключение я предлагаю отрывок из моей поэмы «Иоанн из Дамаска», в которой я постарался выразить в поэтической форме суть этой книги. Повествование идет от имени Будды, кем для нас и является Парамаханса Йогананда, поскольку «Будда» означает «тот, кто знает».

— Как долго я блуждал, — пел он, —
Окованный цепями,
Сквозь нескончаемые жизни
И сквозь боль
И чувствовал внутри
Клыки огня,
Клыки неукротимого желания.

— Нашел! Нашлась, — пел он, —
Первопричина моего огня внутри,
Первопричина неукротимого желания!
И никогда, о Архитектор, никогда
Другого дома не построить для меня!

И рухнули твои стропила,
И разлетелась в щепки
Твоя крыша,
И дома для меня
Ты не построишь вновь!
Нирвана — вся моя,
Она перед глазами
И лишь рукою дотянуться до нее!
Сейчас, в один момент,
Лишь только пожелать,
Сейчас, в один момент,
Могу навеки отойти
В блаженство вечное,
Своих следов нигде не оставляя.

Но я тебя, человечество, люблю.
Люблю и остаюсь ради тебя,
Чтобы своими же руками
Мост построить.
Если его ты перейдешь,
Найдешь и ты
Свое освобождение
От рожденья, смерти, боли.
Тогда и ты познаешь
Вечное блаженство.

Среди нас мастер. И он своими   руками построит

для нас этот мост, если мы сами того пожелаем.

Лондон, Англия
Февраль 1927 года

Введение

Универсальная духовность для грядущей мировой цивилизации

Вводная статья к специальному изданию книги «Религия как наука», приуроченному к 100-летней годовщине прибытия Парамахансы Йогананды на Запад и основания им международного общества Self-Realization Fellowship

19 сентября 1920 года бостонская гавань Челси встречала «Спарту» — первый пароход, отчаливший из Индии в Америку по окончании Первой мировой войны. Газета *The Boston Globe* сообщала, что в числе пассажиров, сходящих с борта судна, была «колоритная личность, прибывшая на религиозную конференцию в Бостоне и следом планировавшая совершить лекционный тур по стране». Парамаханса Йогананда, которого на тот момент в Америке не знал практически никто, позже станет известен как «отец йоги на Западе».

Тремя столетиями ранее, осенью 1620 года, американские отцы-пилигримы высадились в Плимуте, что к югу от Бостона. Их прибытие ознаменовало рождение новой нации, провозгласившей свободу вероисповедания как неотъемлемое право человека. В честь 300-летней годовщины этого события Американская ассоциация унитариев организовала «Встречу трехсотлетия пилигримов» в рамках Международного конгресса религиозных либералов в октябре 1920 года, на которой должна была обсуждаться значимость свободы с точки зрения религии. Именно на эту историческую конференцию и был приглашен молодой Свами Йогананда. Он говорил о религии как о науке, акцентировав внимание на важнейшей форме человеческой свободы — той, которая приходит с осознанием вечного неразрывного единения души с Богом.

Одним из инициаторов мероприятия выступил Чарльз Уэндт, унитарианский священник, ранее участвовавший в организации Всемирного конгресса религий 1893 года в Чикаго. Объединив усилия с другими лидерами унитариан, которые были первопроходцами в этом начинании, он убедил религиозных делегатов из разных стран и конфессий участвовать в этом мероприятии. Уэндт и другие организаторы религиозного конгресса призывали создать основу для «Лиги Религий, которая станет дополнением и союзником политической Лиги Наций».

Взгляды эти во многом пересекались с убеждениями Парамахансы Йогананды. В своей речи перед делегатами Конгресса свами подчеркнул, что все мировые религии скреплены универсальной духовностью, и несколько лет спустя он призовет к созданию «Лиги Душ и единого мира, в котором каждому народу будет отведена полезная роль и который будет ведом Богом через просветленное сознание человека».

Свами Йогананду пригласили на религиозный конгресс 1920 года благодаря посредничеству профессора Городского Колледжа Калькутты, доктора Херамбы Майтры, который намеревался поехать туда в качестве представителя Брахмо-самадж (индийское религиозно-нравственное движение, оказавшее влияние на Бенгальский Ренессанс), однако вынужден был отменить свой визит из-за болезни.

«Его [доктора Майтру] замещал Свами Йогананда Гири, — сообщалось в публичном отчете *New*

Pilgrimages of the Spirit, — представлявший на наших конференциях теистическое общество Брахмачарья Сангашрам и выступивший с вдохновляющей речью».

В отчете также говорилось: «[Йогананда] на идеальном английском уверенно выступил с докладом философского характера на тему „Религия как наука"… Он подчеркнул, что религия едина и универсальна. Очевидно, нам не удастся подвести под общий знаменатель определенные обычаи и убеждения, однако во всех религиях наличествует некий общий элемент, следовать и подчиняться которому могут все. Подобно тому как Бог един и насущен, так и религия универсальна и насущна. Лишь по причине своей ограниченности человеческое сознание упускает из виду основополагающий универсальный элемент в представляющихся разнородными религиях мира».

Речь Йогананды, произнесенная 6 октября 1920 года в Доме Единства неподалеку от Бостон-Коммонс, стала одной из важнейших вех в истории принятия и осмысления Америкой индийской науки Йоги и отправной точкой деятельности «человека, который больше, нежели кто-либо другой, сделал для распространения [Йоги] на Западе»*.

Молодой энергичный свами из Индии вовсе не намеревался обращать слушателей в индуизм или какую-либо другую религию. Напротив, он превозносил универсальную науку, являющуюся основой и связующим звеном всех вероучений, а также утверждал, что

---

* Роберт С. Эллвуд, доктор философии и профессор мировых религий Университета Южной Калифорнии, в книге Religious and Spiritual Groups in Modern America (Routledge, 1973).

каждый индивидуум, вне зависимости от его или ее религиозных взглядов, способен прижизненно ощутить реальность Бога. Его лекция глубоко тронула бостонскую аудиторию, ведь говорил он именно о том, что трансценденталисты Новой Англии за несколько десятилетий до этого искали в уединении и созерцании: о свободе, простирающейся за пределы социальных и политических свобод, об опыте познания Божественного, не стесненном верованиями и догматами.

Он представил людям Запада неведомую им прежде идею о предназначении религии и самой жизни, поведав им о том, как можно окончательно распрощаться с муками и страданиями, обретя неувядаемое счастье в виде Блаженства и обнаружив присутствие Бога внутри себя. В дополнение к этому он изложил пошаговые методы достижения этого Блаженства собственными усилиями, — методы, основанные на йогической медитации, универсальной духовной науке Индии.

Именно эта историческая лекция, в которой Йогананда впервые осведомил западную аудиторию об эффективности Крийя-йоги как средства достижения вышеупомянутой универсальной цели, легла в основу данной книги. Его последующие лекции на эту тему широко освещались в ведущих газетах США и привлекали тысячи духовных искателей, заполнявших крупнейшие аудитории страны до отказа, дабы узнать о древней «науке души» из уст оратора, обладавшего божественным магнетизмом.

В год своего достопамятного прибытия на Запад Йогананда основал организацию Self-Realization Fellowship (SRF), деятельность которой направлена на всемирное распространение учений по Крийя-йоге. Он непрестанно продвигал концепцию универсальности религии и проводил занятия, на которых обучал высшей духовной науке, оказав тем самым фундаментальное влияние на религиозную и духовную жизнь Запада.

Много лет спустя, освещая хронику конгресса 1920 года, Международная ассоциация религиозной свободы (ныне известная как Конгресс религиозных либералов), писала: «Одним из самых заметных ораторов на этом конгрессе, собравшем более двух тысяч гостей, был Парамаханса Йогананда, в наши дни высоко почитаемый в Индии и во всем мире как святой. С 1920 по 1952 годы Йогананда… беспрестанно трудился на благо укрепления взаимопонимания между Востоком и Западом… [Он] был одним из наиболее влиятельных и уважаемых религиозных лидеров с Востока, проживавших и работавших на Западе. В течение тридцати двух лет он шел в авангарде движения по сплочению Востока и Запада, и по сей день он является любимым духовным учителем для миллионов людей».

С того момента, как он ступил на американскую землю, он безостановочно распространял глубочайшую мудрость Индии и высочайшие техники медитации среди искателей всей планеты, закладывая фундамент для грядущей мировой цивилизации, основанной на вечных принципах универсальной духовности, в которой каждый мужчина и каждая женщина задействует свой потенциал непосредственного общения с Богом. Таким образом, возвышенное и просветленное сознание человека будет занимать все больше места в социальных, национальных и международных вызовах всемирной человеческой семьи.

Отмечая столетнюю годовщину прибытия

Парамахансы Йогананды на Запад и основания им общества Self-Realization Fellowship, мы с той же верой — во всех тех, кто уверенно идет по пути Крийя-йоги, а также в человечество в целом — вступаем в очередную столетнюю главу существования SRF, в которой все больше и больше искателей Истины будут интересоваться универсальными духовными методами обретения высочайшей свободы, которая приходит со спасением души.

— *Self-Realization Fellowship*

РЕЛИГИЯ КАК НАУКА

ВСТУПИТЕЛЬНОЕ СЛОВО

Цель этой книги — определить, *что* же следует понимать под религией, для того чтобы воспринять ее как нечто универсальное и прагматически необходимое, а также осветить тот аспект Божественного, который имеет прямое отношение к нашим побуждениям и действиям в каждый момент жизни.

Это правда, что Бог, в сущности, безграничен в Своих проявлениях; правда и то, что попытка детально описать Бога лишь продемонстрирует ограниченность человеческого разума, неспособного постичь Его интеллектуальным путем. И все же в равной степени истинно и то, что человеческий разум, несмотря на все свои недостатки, не может полностью удовлетвориться идеей ограниченности. Поэтому он имеет естественную потребность интерпретировать всё касающееся человеческого и ограниченного в свете сверхчеловеческого и безграничного, когда он чувствует что-то, но не может это выразить; носит в себе, но при этом не может точно сформулировать.

Согласно распространенному представлению, Бог сверхчеловечен, безграничен, вездесущ, всеведущ и так далее. Это общее понятие предполагает множество вариаций. Одни видят Бога как Существо личное, другие считают Его безличным. Идея, которая подчеркивается в этой книге, заключается в следующем: если наше понимание Бога — каким бы оно ни было — не оказывает влияния на наше ежедневное поведение, если оно не вносит вдохновения в наши будни, если в нем нет крайней необходимости, тогда от этого понимания нет пользы.

Если для нас Бог не является тем, без чего мы просто не можем обойтись, когда нам нужно обеспечить какую-то потребность, разрешить какой-то конфликт, заработать деньги, прочитать книгу, выдержать экзамен, исполнить свои обязанности — от самых незначительных до самых высоких, — тогда совершенно очевидно, что мы еще не почувствовали связи между Богом и жизнью.

Бог может быть безграничным, вездесущим, всеведущим, личным и великодушным, но такие понятия недостаточно убедительны и не пробуждают в нас желания познать Его. Мы можем прекрасно обойтись и без Него. Он может быть безграничным, вездесущим и т.д., но в нашей занятой и напряженной жизни эти понятия не находят практического применения. Мы прибегаем к ним лишь тогда, когда пытаемся оправдать свою предельную жажду по запредельному (например, в философских и поэтических произведениях, в искусстве и в идеалистических беседах); или когда, несмотря на нашу хваленую эрудицию, мы не способны объяснить самые обычные явления во Вселенной; или когда нас одолевают превратности жизни. «Мы молимся Всемилосердному, когда оказываемся в тупике», — говорит восточная пословица. А если не в тупике, то, похоже, что мы можем вполне обойтись и без Него.

Подобные стереотипные понимания Бога служат спасительными клапанами, которые частично облегчают наше непонимание Божественного. Они объясняют Бога, но не пробуждают в нас желания искать Его, потому что лишены движущей силы. Когда мы называем Его безграничным, вездесущим, всемилосердным и всеведущим, мы не обязательно *ищем* Бога. Эти понятия удовлетворяют интеллект, но не могут принести покой душе. Если мы проникаемся этими понятиями, они могут расширить в определенной степени наше сознание — могут сделать нас благонравными и подчиненными Божьей воле. Но они не делают Бога родным и близким, потому что не располагают к духовной близости. Они исключают Бога из повседневных забот нашей жизни.

Подобные представления о Боге кажутся нам неуместными, когда мы находимся на улице, на заводе, за прилавком или в офисе. И это не потому, что мы не приемлем Бога и религию, а потому что мы не имеем о них правильного понятия — понятия, которое могло бы стать неотъемлемой частью нашей повседневной жизни. Наше понимание Бога должно служить нам ежедневным, ежечасным руководством; оно само по себе должно побуждать нас искать Его в водовороте повседневных дел. Именно это мы и подразумеваем под прагматичным и убедительным пониманием Бога — пониманием, которое наделено движущей силой. Мы должны перенести религию и Бога из сферы идей в сферу повседневной жизни.

Если мы не понимаем, как это важно — включить Бога в каждый аспект нашей жизни, а религию — в каждый момент нашего существования, тогда Бог и религия выпадают из списка наших повседневных приоритетов и становятся предметом нашего внимания всего лишь один раз в неделю. В первой части этой книги мы делаем попытку показать, что для того, чтобы понять истинную необходимость в Боге и религии, мы должны акцентировать наше внимание на таком их понимании, которое является *самым важным* для достижения главной цели всех наших действий в любое время дня и ночи.

Эта книга также имеет целью подчеркнуть единство и всеобщность религии. В разные времена существовали разные религии, а вместе с ними — непримиримые разногласия, продолжительные войны и море крови. Одна религия восставала против другой, одна секта воевала с другой сектой. Кроме того, существует не только множество религий, но и широкое разнообразие течений и толкований внутри каждой религии. И возникает вопрос: если Бог один, то почему должно быть столько религий?

Можно аргументировать происхождение разных религий (таких как индуизм, ислам и буддизм на Востоке; христианство на Западе и т.д.) определенными стадиями интеллектуального развития наций и непохожестью их склада мышления, на которое, в свою очередь, повлияло географическое положение и другие внешние обстоятельства. Если под религией мы понимаем только ритуалы, определенные доктрины и догматы, традиции и условности, тогда появление и существование многих религий просто неизбежно. Но если религия *первично* означает Божественное Сознание, то есть осознание Бога внутри себя и вовне, а *вторично* — верования, ритуалы, догматы и т.д., тогда, строго говоря, существует только Одна Религия в мире, потому что Бог один.

Различные обряды, формы поклонения Богу, доктрины и условности создают почву для возникновения разнообразных вероисповеданий и течений внутри этой Единой Религии. И если религия понимается именно так, то ее всеобщность может быть поддержана только таким образом, потому что невозможно сделать всеобщими своеобразные национальные обряды и условности. Лишь только общий элемент во всех религиях может быть единым для всех, и мы можем попросить каждого следовать ему. Тогда мы сможем по праву утверждать, что религия не только необходима, но она и универсальна. Все могут следовать одной и той же религии, потому что она Едина — общий элемент во всех религиях один и тот же.

Я попытался показать в этой книге, что религия едина, универсальна и необходима, потому что Бог един и необходим всем нам. Лишь дороги к ней вначале могут быть разными. Нелогично говорить, что есть две религии, в то время как Бог один. Могут быть два течения или учения, но религия одна. То, что мы называем сейчас разными религиями, следует понимать как разные течения или учения одной всеобщей религии. А то, что мы знаем сейчас как разные течения или учения, следует называть разными культовыми ответвлениями. Постигнув значение слова «религия», которое я буду рассматривать в этой книге, мы, естественно, должны быть очень осмотрительны в его употреблении. Только ограниченная человеческая точка зрения не усматривает в так называемых разных религиях мира лежащий в их основе общий элемент, и это упущение становится причиной большого зла.

Эта книга дает *психологическое* определение религии, а не ее предметное определение, основанное на догматах и мировоззрении. Другими словами, на этих страницах религия рассматривается как вопрос нашего внутреннего бытия и отношения, а не как следование определенным правилам и наставлениям.

ЧАСТЬ 1

УНИВЕРСАЛЬНОСТЬ, НЕОБХОДИМОСТЬ И ЕДИНСТВО РЕЛИГИИ

Общая цель жизни

Прежде всего мы должны знать, что такое религия, и только потом решать, необходимо ли всем нам быть религиозными.

Если нет необходимости, то нет и действия. Каждое наше действие имеет конечную цель, ради которой мы его совершаем. Все люди в мире совершают различные действия для достижения различных целей; существует множество целей, которые определяют действия каждого человека.

Однако существует ли одна общая, единая цель всех действий всех людей в мире? Существует ли для всех нас одна общая, единая насущная необходимость, побуждающая нас ко всем действиям, которые мы совершаем? Краткий анализ целей человеческих действий в мире и их побудительных причин показывает, что в силу своих занятий или профессии люди могут иметь миллион целей — прямых и косвенных, но все эти цели подчиняются одной высшей цели. И эта цель — избавиться от нужд и страданий и обрести нескончаемое Блаженство. Можем ли мы навсегда избавиться от нужд и страданий и достичь Блаженства — это отдельный вопрос, но в действительности все совершаемые нами действия указывают на то, что мы явно пытаемся избавиться от всякого рода боли и стремимся к получению наслаждений.

Почему человек поступает в ученики? Потому что он хочет стать мастером в определенном деле. Почему он хочет заниматься определенным делом? Потому что он сможет зарабатывать деньги. А почему нужно зарабатывать деньги? Потому что с их помощью удовлетворяются личные и семейные потребности. Почему потребности должны быть удовлетворены? Потому что тогда уже не будет горечи и придет счастье.

На самом деле, счастье и Блаженство — это не одно и то же. Мы все стремимся к Блаженству, но по ошибке стали принимать наслаждение и счастье за Блаженство. Как это случилось — об этом речь впереди. Конечной же целью является именно Блаженство, которое мы ощущаем в себе; но счастье, то есть наслаждение, из-за нашего непонимания заняло его место, и к наслаждению мы стали относиться как к конечной цели.

Таким образом, мы видим, что удовлетворение потребностей, избавление от боли — от самой слабой до самой сильной, будь она физической или психологической — и достижение Блаженства составляют нашу конечную цель. Мы не будем задаваться вопросом, для чего нужно достигать Блаженства, потому что на этот вопрос ответа просто не существует. Это наша конечная цель, что бы мы ни делали — открываем собственный бизнес, зарабатываем деньги, ищем друзей, пишем книги, обретаем знания, правим королевством, дарим миллионы, исследуем страны, ищем славы, помогаем нуждающимся, становимся филантропами или великомучениками. В дальнейшем будет показано, что, когда наша истинная цель находится строго в центре нашего внимания, поиски Бога становятся для нас чем-то самим собой разумеющимся. Могут быть сделаны миллионы шагов и предприняты мириады вспомогательных действий, для которых существуют мириады причин, но конечная цель всегда одна и та же — достичь нескончаемого Блаженства, даже пройдя через очень длинную цепь действий.

Человеку свойственно идти к конечной цели через цепь действий. Он даже может совершить самоубийство, чтобы покончить с болью; или убийство, чтобы избавиться либо от какой-то потребности, либо от боли, либо от жажды жестокости, думая, что получит настоящее удовлетворение или облегчение, которое он ошибочно принимает за Блаженство. И здесь надо отметить, что это тоже путь к конечной цели, хотя он и ошибочный.

Кто-то может сказать: «Меня не волнует ни наслаждение, ни счастье. Я живу для того, чтобы вершить дела и достичь успеха». Другой скажет: «А я хочу делать добро в мире. Мне неважно, испытываю я боль или нет». Но если вы заглянете в мысли этих людей, вы обнаружите общий побудительный мотив. Возможно ли стремиться к такому успеху, который не несет в себе ни наслаждения, ни счастья? И будет ли человек стремиться делать добро в мире, если это не делает его счастливым? Конечно, нет. Эти люди, возможно, не возражают против многочисленных физических и психологических страданий, причиняемых другими; и их не пугают все неурядицы, которые случаются на пути достижения успеха или сотворения добра. И все же, именно потому, что один находит огромное удовлетворение в успехе, а другой испытывает глубокое наслаждение от сотворения добра, первый, несмотря на все возникающие трудности, ищет успеха, а второй — счастья для других.

Даже самые альтруистские побуждения и искренние намерения преумножить человеческое благо ради самого блага возникают из инстинктивного желания высшего личного счастья, приближающегося к Блаженству. Но это счастье не эгоиста, ищущего удовлетворения своего маленького «я». Это счастье широко мыслящего искателя того чистого Высшего «Я», которое живет в вас, во мне, в каждом человеке. Такое счастье — это Блаженство, близкое к идеальному. Движимый желанием истинного Блаженства, альтруист, поступая бескорыстно, выходит за пределы своего узкого эго, ибо человек не может достичь истинного Блаженства для себя, пока не возжелает Его для других и не станет искать Его. Это всеобщий закон.

Универсальное определение религии

Итак, если проследить от конца к началу мотивы действий всех людей, мы обнаружим, что конечная цель — одна и та же для всех: избавление от страданий и достижение Блаженства. Поскольку эта цель универсальна, то она должна рассматриваться как крайне необходимая. А то, что для людей универсально и крайне необходимо, конечно же, является для них религией. Следовательно, *суть религии заключается в окончательном избавлении от страданий и осознании Блаженства (Бога).* А действия, которые мы должны предпринимать для избавления от страданий и осознания

Парамаханса Йогананда с делегатами Международного конгресса религиозных либералов, октябрь 1920 года, Бостон, Массачусетс. Шри Йогананда тогда выступил с докладом «Религия как наука».

Дом Единства (Unity House), место проведения Международного конгресса религиозных либералов

Парамаханса Йогананда выступает в Денвере, Колорадо, август 1924 года

Блаженства, или Бога, называются религиозными. Если мы понимаем религию таким образом, то ее универсальность становится очевидной. Ибо ни один человек не может отрицать, что он желает навсегда избавиться от боли и достичь нескончаемого Блаженства. Это должно быть всеобще признано, поскольку никто не может опровергнуть эту истину. Само существование человека неразрывно с этим связано.

Все хотят жить, потому что любят религию. Даже когда человек совершает самоубийство, он это делает, потому что тоже любит религию: он думает, что обретет состояние более счастливое, чем то, которое испытывает при жизни. Как бы то ни было, он думает, что избавится от боли, не дающей ему покоя. В данном случае религия груба, но, тем не менее, это все та же религия. Цель этого человека правильна — все имеют такую цель, ибо все хотят счастья, или Блаженства. Но выбранные им средства лишены мудрости. Из-за своего духовного невежества он не знает, *что* может привести его к Блаженству, заветной цели всех людей на земле.

Что значит быть религиозным

Можно утверждать, что в широком смысле каждый человек в мире религиозен, потому что каждый старается избавиться от нужд и страданий и желает обрести Блаженство. Все преследуют одну и ту же цель. Но в строгом смысле лишь немногие в мире религиозны, ибо лишь немногие — хотя их цель ничем не отличается от цели других — знают эффективные средства, с помощью которых можно окончательно избавиться от всех нужд и всех страданий — физических, психологических, духовных — и обрести истинное Блаженство.

Истинный богоискатель не может придерживаться узкого ортодоксального понятия религии, хотя это понятие каким-то отдаленным образом имеет связь с тем понятием, которое я здесь рассматриваю. Допустим, какое-то время вы не посещали церковь или храм и не участвовали в церемониях и ритуалах, хотя в повседневной жизни вы спокойны, уравновешенны, сосредоточенны, участвуете в благотворительности и не теряете ощущения счастья даже в трудных ситуациях. Но обычные прихожане, склонные мыслить ортодоксально, тем не менее покачают головой и заявят, что, хотя вы и стараетесь быть хорошим, все же с точки зрения религии, или в глазах Бога, вы «сбились с пути», потому что в последнее время не переступали порога священных мест.

Конечно, не может быть веских оправданий, чтобы навсегда отдалиться от таких священных мест, но, с другой стороны, нет и достаточной причины, чтобы называть кого-то более духовным только потому, что он регулярно посещает церковь, не следуя при этом религиозным принципам, которые и ведут в конечном счете к обретению нескончаемого Блаженства. Религия не вписывается в церковные скамьи и не ограничивается совершаемыми в церкви церемониями. Если в вас развито чувство почитания, если вы всегда стремитесь привнести в свою повседневную жизнь безмятежное сознание Блаженства, тогда вне стен церкви вы так же религиозны, как и при посещении ее.

Вышесказанное ни в коей мере не означает, что в церковь ходить не надо: церковь помогает во многих аспектах. Суть в том, что вне стен церкви вы должны прилагать столько же усилий для обретения вечного счастья, как и на церковной скамье, когда пассивно наслаждаетесь богослужением. И не потому, что слушание проповедей само по себе не приносит пользы. Конечно, приносит, но этого недостаточно.

Религия «связывает» нас благими законами

Слово «религия» происходит от латинского *religare* — «связывать». Кто связывает, кого связывают и зачем? Если оставить в стороне все ортодоксальные объяснения, то становится ясно, что это нас связывают. Чем же нас связывают? Речь идет, конечно же, не о цепях и кандалах. Можно сказать, что религия «связывает» нас правилами, законами или предписаниями. А для чего? Чтобы сделать нас рабами? Чтобы лишить нас нашего врожденного права свободно мыслить и действовать? Это было бы нелогично. Если религия сама по себе подразумевает благородную цель, то и причина «связывать» нас должна быть равнозначно положительной. И какова же тогда эта причина? У нас есть только один рациональный ответ: религия «связывает» нас правилами, законами и предписаниями, для того чтобы мы не вырождались, для того чтобы мы не страдали — физически, психологически и духовно.

Физическое и психологическое страдание нам знакомо. А что такое духовное страдание? Пребывать в неведении Духа. В то время как физическая и психологическая боль приходит и уходит, духовная боль — часто незамечаемая — всегда присутствует в каждом духовно ограниченном человеке. Какую другую причину для слова «связывать», как не ту, что мы указали выше, можно отнести к религии, не посчитав ее абсурдной и неприемлемой? Ясно, что другие причины, — если таковые найдутся — обуславливаются именно вышеуказанной причиной.

Так не согласуется ли определение религии, данное ранее в этой книге, с вышеуказанным смыслом слова «связывать», от которого и произошло слово «религия»? Мы отметили, что религия отчасти состоит в окончательном избавлении от боли, неблагополучия и страданий. Однако религия не может заключаться только в избавлении от чего-то (например, боли), она также должна включать в себя обретение чего-то. Если есть отрицательный элемент, то должен быть и положительный. Как мы можем навсегда избавиться от боли, не устремившись к ее противоположности — Блаженству? Хотя Блаженство и не является точным антонимом боли, оно, в любом случае, представляет собой положительное сознание, на котором мы можем сосредоточиться для того, чтобы избавиться от боли. Мы, конечно же, не можем вечно висеть в воздухе нейтрального чувства — ни боли, ни ее противоположности. Я повторюсь: суть религии заключается не только в избавлении от боли и страданий, но также и в обретении Блаженства, или Бога (то, что Блаженство и Бог в определенном смысле синонимы, будет объяснено позже).

Таким образом, рассмотрев побудительную причину главного предназначения религии (связывать), мы подходим к тому же определению религии, к которому пришли путем анализа причины, побуждающей человека к действию.

Фундаментальные факторы религии

Религия является вопросом принципиальных основ. Если наша основная цель — достижение Блаженства, то есть счастья; если каждое совершаемое нами действие и каждый момент нашей жизни определяются в конечном счете этой целью, не должны ли мы признать, что это страстное желание глубоко присуще природе человека? И будет ли религия религией, если она не связана самым тесным образом с этим желанием, пустившим глубокие корни в человеке? Ведь для того, чтобы религия имела жизненную ценность, она должна исходить из жизненного инстинкта — жажды, страстного желания. Это и является постулатом того понятия религии, которое изложено в этой книге.

Кто-то, возможно, скажет, что у человека помимо жажды счастья есть много других инстинктов (инстинкт общения, самосохранения и т.д.); и, возможно, спросит нас, почему же мы не интерпретируем религию в свете и этих инстинктов? На это мы ответим, что эти инстинкты либо обуславливаются инстинктом счастья, либо неразрывно связаны с ним и тем самым не способны существенно изменить нашу интерпретацию религии.

Давайте вернемся еще раз к раннее изложенному аргументу: «*То, что для людей универсально и крайне необходимо, является для них религией*». А если то, что универсально и крайне необходимо, не является для них религией, тогда что же ею является? Случайное и непостоянное, конечно же, не может быть религией. Если, к примеру, мы стремимся делать деньги и все наше внимание в жизни сосредоточено исключительно на них, тогда деньги становятся для нас религией — «доллар — наш Бог». Доминирующая цель нашей жизни, какой бы она ни была, является для нас религией.

Давайте оставим в стороне ортодоксальную интерпретацию, потому что религию каждого из нас — независимо от того, как мы ее называем — определяет не интеллектуальное исповедование доктрин и не соблюдение церемоний, а принцип наших действий. Нам не нужно ждать, пока теолог или пастор назовет нам течение или религию, к которой мы принадлежим, — наши собственные принципы и действия красноречиво говорят об этом и нам, и другим.

Знаменательно то, что все, чему мы слепо поклоняемся, всегда имеет основополагающую побудительную причину. Это значит, что, когда целью нашего существования становятся деньги, бизнес и приобретение предметов — либо роскоши, либо первой необходимости, — наши действия при этом имеют более глубокое побуждение: мы стремимся добиться всего этого для того, чтобы избавиться от страданий и обрести счастье. Это основополагающее побуждение и есть настоящая религия человечества, другие второстепенные побуждения порождают псевдорелигии. И поскольку религия не воспринимается всеми одинаково, ее либо игнорируют как что-то непонятное и не заслуживающее внимания, или — как это делают многие — считают всего лишь модным развлечением для женщин, стариков и немощных.

Универсальная религия прагматически необходима

Таким образом, мы видим, что Универсальная Религия, то есть религия, понимаемая всеми одинаково, является практически, или *прагматически,* необходимой. Ее необходимость не форсируется — она естественна. Ощущая сердцем необходимость универсальной религии, мы, к сожалению, не всегда ее осознаем. Если бы осознавали, то боль давно бы уже исчезла из этого мира, потому что обычно человек пытается всеми путями отыскать то, что он считает для себя по-настоящему необходимым. Если человек думает, что зарабатывание денег крайне необходимо для содержания своей семьи, он будет зарабатывать их любой ценой. Очень жаль, что мы не считаем религию такой же крайней необходимостью. Напротив, мы воспринимаем ее как украшение, как декорацию, а не как составную часть человеческой жизни.

А также очень жаль, что, хотя цель каждого человека на земле религиозна (так как каждый стремится избавиться от нужд и обрести счастье), тем не менее, по роковой ошибке человечество потеряло из виду эту главную цель и стало считать свою истинную религию, как мы ее определили выше, чем-то незначительным.

Что же послужило тому причиной? Почему, вместо того чтобы воспринимать ее как действительную необходимость, она представляется нам чем-то малозначным? Ответ кроется в ошибочных путях общества и наших собственных эмоционально-чувственных привязанностях.

Именно влияние окружающей среды (людей и

обстоятельств) является решающим фактором того, *что* мы ощущаем необходимым для себя. Если вы хотите «овосточить» человека с Запада, поместите его среди азиатов. А если хотите «озападить» человека с Востока, поместите его среди европейцев и начинайте отмечать изменения. Они станут очевидны — это неизбежно. Человек с Запада переймет традиции, привычки, тип одежды, уклад жизни и восточное мышление, а человек с Востока переймет все западное. И сам критерий истины станет представляться им по-разному.

Однако в одном будут согласны большинство людей: их земная жизнь со всеми ее заботами и наслаждениями, радостями и горем все же стоит того, чтобы жить. Но почти никто не напоминает нам о необходимости Универсальной Религии, и поэтому мы так мало о ней знаем.

Общеизвестно, что человек редко устремляется за пределы круга, в котором он живет. Что бы ни входило в этот круг, он все перенимает, оправдывает и воспринимает как стандарт мышления и поведения. А того, что выходит за пределы его сферы, он не замечает: для него оно не особенно важно. Юрист, например, будет превозносить закон и уделять ему наибольшее внимание; все остальное, как правило, будет для него малозначным.

Прагматическая, или практическая, необходимость Универсальной Религии часто понимается всего лишь как теоретическая необходимость — религия в этом случае считается объектом интеллектуального рассмотрения. Когда мы познаем религиозный идеал только умом, мы думаем, что уже достигли этого идеала и поэтому от нас не требуется жить согласно ему или осознавать его.

С нашей стороны будет огромной ошибкой смешивать прагматическую необходимость с теоретической необходимостью. Многие люди, немного поразмыслив, возможно, согласятся с тем, что избавление от страданий и осознание Блаженства является Универсальной Религией, но лишь немногие поймут важность и практическую необходимость того, что эта религия несет в себе.

ЧАСТЬ 2

БОЛЬ, НАСЛАЖДЕНИЕ, БЛАЖЕНСТВО: ИХ ОТЛИЧИТЕЛЬНЫЕ ЧЕРТЫ

Первопричина боли и страданий

Теперь необходимо исследовать первопричину боли и страданий — психологических и физических, — избавление от которых отчасти является Всеобщей Религии.

Прежде всего, мы должны признать, что, исходя из общей характеристики поведения всех людей, мы всегда осознаем себя как активную силу, выполняющую все наши мысленные и физические действия. Нам свойственно выполнять разнообразные функции: мы воспринимаем, думаем, помним, чувствуем, действуем и т.д. Однако во всех этих функциях мы способны ощущать существование некого эго, или «я», которое управляет всеми ими и осознает себя относительно постоянным на протяжении своего существования — как в прошлом, так и в настоящем.

В Библии сказано: «Разве не знаете, что вы храм Божий, и Дух Божий живет в вас?»* Все мы в совокупности представляем собой множество индивидуальных духовных «Я», индивидуальное отражение благодатного вселенского Духа — Бога. Подобно тому как

---

* 1 Кор 3:16.

единое солнце отражается в многочисленных чашах, наполненных водой, так и человечество разделено на множество душ, обитающих в телесно-ментальных оболочках, внешне отделенных от единого вселенского Духа. В действительности Бог и человек — одно; их отделение друг от друга всего лишь кажущееся.

Тогда почему же мы, духовные «Я», благословенное отражение Духа, совершенно не осознаем своего блаженного состояния и, более того, подвергаемся физическим и психологическим страданиям? Ответ кроется в том, что духовное «Я», отождествив себя с временной телесной оболочкой и беспокойным умом, само поставило себя в такое положение (здесь мы не рассматриваем, как это случилось). Отождествленное таким образом духовное «Я» либо страдает, либо наслаждается, когда ум и тело находятся соответственно в неблагополучном, нездоровом, состоянии или в благополучном, здоровом. По причине этого отождествления покой духовного «Я» постоянно нарушается сменяющимися состояниями ума и тела.

Вот пример только воображаемого чувства отождествления. Мать, глубоко привязанная к своему единственному ребенку, будет страдать и ощущать острую боль, даже если просто услышит о его выдуманной или реальной смерти. Но, услышав о смерти соседского ребенка, с которым она себя не отождествляет, она, возможно, не будет испытывать такой же боли. Теперь мы можем представить себе сознание, в котором отождествление не просто воображаемо, а реально. Таким образом, *чувство отождествления с временным телом и беспокойным умом является источником, или изначальной причиной, страданий нашего духовного «Я».*

Понимая теперь, что отождествление духовного «Я» с временным телом и беспокойным умом является изначальной причиной страданий, давайте обратимся к психологическому анализу непосредственных причин страданий и к различию между болью, наслаждением и Блаженством.

Непосредственные причины страданий

По причине отождествления, упомянутого раньше, в духовном «Я» развились определенные наклонности — физические и психологические. Желание реализовать эти наклонности порождает потребность, а потребность, в свою очередь, порождает страдание. Наклонность, или предрасположенность, к чему-то, может быть естественной или искусственной; естественная наклонность порождает естественную потребность, а искусственная наклонность порождает искусственную потребность.

Искусственная потребность со временем — благодаря силе привычки — становится естественной потребностью. Какой бы ни была потребность — естественной или искусственной — она порождает страдание. Чем больше потребностей мы имеем, тем больше причин для страдания, потому что с увеличением потребностей становится все труднее удовлетворить их; и чем больше потребностей остается неудовлетворенными, тем сильнее страдание. Увеличьте количество желаний и потребностей, и страдания увеличатся. Таким образом, когда желание не находит возможности быстрого удовлетворения или обнаруживает препятствия, незамедлительно приходит страдание.

А что такое желание? Это всего лишь новое состояние «возбуждения», в которое приводит себя наш ум; это прихоть ума, порожденная кругом нашего общения. Таким образом, *желания, или нескончаемое возбуждение ума, становится причиной боли и страдания*, а также нашей ошибки, когда вместо того, чтобы с самого начала уменьшить количество наших желаний-потребностей, мы их сначала создаем и умножаем, а потом пытаемся удовлетворить с помощью вещей извне.

Иногда может показаться, что страдание приходит, даже когда желание отсутствует — например, болит рана. Но здесь мы должны отметить, что в данном случае желанию быть здоровым, присутствующему в нашем уме сознательно или подсознательно и кристаллизовавшемуся в нашем организме, противоречит состояние нездоровья, то есть присутствие физической раны. Поэтому, когда определенное возбужденное состояние ума (в форме желания) не находит удовлетворения или не устраняется, возникает боль.

Желание ведет как к боли, так и к наслаждению; единственное различие здесь в том, что в первом случае потребность, вовлеченная в желание, не удовлетворяется, а во втором — она удовлетворяется благодаря присутствию вещи извне.

Однако переживание наслаждения, полученного от удовлетворения потребности вещью извне, эфемерно — оно быстро проходит, и у нас остается только память о той вещи, которая удовлетворила нашу потребность. Следовательно, в будущем желание иметь эту вещь, оживленное приятными воспоминаниями, появится снова; и снова возникнет ощущение потребности, что опять приведет к страданию, если потребность останется неудовлетворенной.

Двойственная сущность наслаждения

Наслаждение по своей сути двойственно. Оно состоит из «сознания возбуждения», вызванного обладанием желаемой вещью и сознания того, что боль, вызванная потребностью в той вещи, уже прошла. В нем присутствует элемент и чувства, и мысли. Именно в этом «контрастном сознании» (сознании боли, когда я не имел желаемой вещи; и сознании того, что, получив эту вещь, я уже не испытываю боли) и кроется, главным образом, прелесть наслаждения.

Итак, мы видим, что сознанию наслаждения предшествует сознание потребности, за которым следует сознание удовлетворенного желания. Таким образом, сознание наслаждения связано с потребностью и ее удовлетворением. А нашу потребность создает наш ум, и он же ее удовлетворяет.

Это большая ошибка — считать, что определенная вещь способна приносить наслаждение сама по себе, и думать о ней в надежде удовлетворить — при наличии этой вещи — какую-нибудь потребность в будущем. Если бы вещи доставляли удовольствие сами по себе, то тогда одна и та же еда или одежда всегда доставляли бы радость всем людям, но так не бывает.

То, что называется *наслаждением* есть не что иное, как порождение ума. *Наслаждение — это иллюзорное сознание возбуждения, которое зависит от удовлетворения предшествующего ему желания и от контрастного сознания настоящего момента.* Чем больше мы думаем о вещи как о средстве наслаждения и чем больше мы желаем ее в наших мыслях, тем сильнее будет наша жажда этой вещи, присутствие которой предполагает ощущение наслаждения, а ее отсутствие — ощущение потребности. И то, и другое сознание ведет в конечном счете к страданию.

Итак, если мы действительно хотим уменьшить страдания, мы должны — насколько это возможно — постепенно освобождать свой ум от желаний и ощущения потребности. Когда исчезает желание вещи, предназначенной для удовлетворения определенной потребности, иллюзорное сознание возбуждения, связанное с наслаждением, не появляется даже тогда, когда эта вещь находится перед нами.

Но вместо ослабления ощущения потребности мы обычно усиливаем его: удовлетворяя одну определенную потребность, мы порождаем разнообразные новые потребности и в результате желаем удовлетворить каждую из них. Например, чтобы избежать потребности в деньгах, мы начинаем бизнес. Для того чтобы бизнес продвигался, мы должны уделить внимание тысяче потребностей и необходимостей, которые включает в себя руководство производством. Каждая потребность и необходимость, в свою очередь, включает в себя другие потребности, требует больше внимания и т.д.

Итак, мы видим, что изначальное страдание, связанное с потребностью в деньгах, оказалось умноженным в тысячу раз путем создания других потребностей и интересов. Конечно же, здесь не имеется в виду, что зарабатывать деньги и иметь бизнес — это плохо или не нужно. Плохо само желание создавать все новые и новые потребности.

Средство или цель?

Если мы беремся за зарабатывание денег ради какой-то цели, но в определенный момент именно деньги становятся нашей целью, вот тогда и начинается наше безумие. Средство превращается в цель, а истинная цель теряется из виду. И снова начинаются наши страдания.

В этом мире каждый имеет свои обязанности, которые он должен выполнять. Например, человек, имеющий семью, должен зарабатывать деньги, чтобы ее содержать. Допустим, он начинает определенный бизнес и сосредотачивается на всех деталях, чтобы сделать его успешным. И что же обычно происходит через некоторое время? Бизнес процветает, доход растет, и в скором времени денег становится больше, чем требуется для обеспечения личных и семейных потребностей.

Затем происходит одно из двух. Либо деньги теперь зарабатываются ради денег и складывание про запас начинает доставлять своеобразное наслаждение, либо увлечение бизнесом ради управления им становится хобби и, возможно, перерастает в нечто большее. Мы видим, что в обоих случаях средство удовлетворения изначальной потребности (что раньше было целью) стало целью в себе: деньги или бизнес стали целью.

Или часто случается, что возникают новые и ненужные потребности, и человек начинает прилагать усилия, чтобы удовлетворить их разного рода «вещами». В любом случае все наше внимание уходит от Блаженства (принимаемое в силу нашей природы за наслаждение, которое и становится нашей целью). И цель, ради которой мы начали свой бизнес, становится второстепенной по отношению к созданию или наращиванию определенных условий и средств. А в истоках создания или наращивания условий и средств лежит желание располагать ими, что само по себе является возбуждением, то есть чувством, а также мысленной картиной из прошлого, когда подобные условия приводили к наслаждению.

Желание естественно ищет своего удовлетворения путем создания двух условий: когда оно удовлетворяется, ощущается наслаждение; когда же оно не удовлетворяется, ощущается боль. И поскольку наслаждение, как мы уже отметили, порождается желанием и связано с временным обладанием чего-либо, отсутствие предмета желания приводит к возбуждению и боли. Так начинаются наши страдания.

Попробуем изложить это в краткой форме. Мы перевели свое внимание с первоначальной цели нашего бизнеса (удовлетворение материальных нужд) на средства (бизнес как таковой или накопление богатства как следствие его, а иногда и создание новых потребностей). И поскольку все они доставляют нам наслаждение, мы навлекаем на себя страдание, которое, как мы указали раньше, всегда является побочным результатом наслаждения.

То, что верно в случае зарабатывания денег, верно и в отношении всего, что бы мы ни делали. Если мы забываем нашу истинную цель (Блаженство или определенное состояние, условие или образ жизни, в конечном счете ведущие к Нему) и сосредотачиваемся на вещах, ошибочно принимаемых за средства или условия достижения Блаженства, превращая этим их в цель, то наши потребности, желания, возбуждение неуклонно возрастают и мы на верном пути к боли и страданию.

Мы никогда не должны забывать о своей цели. Нам следует выстроить ограду вокруг наших потребностей. Мы не должны давать им разрастаться, ибо в конечном счете они ведут к страданию. Однако я не имею в виду, что мы не должны удовлетворять свои насущные потребности, исходящие из нашей связи с миром, или должны стать праздными мечтателями-идеалистами, игнорирующими свою важную роль в прогрессе человечества.

Давайте обобщим. Страдание порождается желанием и косвенно — наслаждением, которое служит в роли манящего огня, для того чтобы завести людей в трясину потребностей и сделать их несчастными.

Итак, мы видим, что желания — источник всех страданий, а страдания — результат отождествления нашего духовного «Я» с умом и телом. Поэтому то, что нам нужно сделать, — это *покончить с чувством отождествления и таким образом разрушить привязанности*. Нужно всего лишь разорвать нити отождествления и привязанностей. Согласно указаниям Главного Режиссера, мы должны играть свои роли на сцене жизни всем умом, душой и телом, но внутри — как это делают актеры на обычной сцене — мы должны оставаться неуязвимыми, недоступными для сознания наслаждения и боли.

Осознание Блаженства приходит в тот момент, когда исчезает отождествление с телом

Когда исчезает отождествление с телом и приходит бесстрастие, в нас проявляется осознание Блаженства.

Но пока вы человек, вы не можете не иметь желаний. Как же тогда, будучи человеком, вы можете осознать свою божественность? Во-первых, ваши желания должны быть рациональными, во-вторых, развивайте благородные желания, устремляясь при этом к достижению осознания Блаженства. И со временем вы почувствуете, что нити вашей индивидуальной привязанности к разного рода желаниям станут обрываться автоматически.

Это означает, что в конечном счете из своего спокойного центра Блаженства вы будете способны *отказаться* от своих несущественных желаний и станете ощущать только те желания, которые, похоже, пробуждаются в вас Высшим Законом. Именно поэтому Христос сказал: «Не Моя воля, но Твоя да будет»*.

Когда я говорю, что достижение Блаженства является общей целью всех религий, я не имею в виду то блаженство, которое обычно называют наслаждением, то есть удовлетворение ума, возникающее после утоления желания и сопровождающееся некоторым возбуждением (например, когда говорим, что мы приятно возбуждены). В Блаженстве нет ни возбуждения, ни контрастного сознания (что моя боль или потребность уже не существуют, потому что я получил то, чего хотел). Блаженство есть сознание абсолютной безмятежности, сознание нашей спокойной природы, не тронутой вмешательством сознания, что боль уже прошла.

Следующий пример поможет разъяснить то, о чем я говорю. Допустим, я поранился и ощущаю боль, рана зажила — я счастлив. Данное сознание счастья (оно

---

* Лк 22:42.

же наслаждение) состоит из возбуждения, то есть чувства, и постоянной мысли — осознания, что я уже не ощущаю боли.

А человек, достигший Блаженства, даже поранившись физически, после заживления раны чувствует, что его состояние покоя не было нарушено ни при ранении, ни после заживления раны. Он чувствует, что проходит сквозь вселенную боли и наслаждения, не имея с ней на самом деле никакой связи, и что она не может ни нарушить, ни усилить его безмятежное, или блаженное состояние, непрерывно текущее внутри него. Такому состоянию Блаженства чужды пристрастия и возбуждение, которые задействованы в ощущениях наслаждения и боли.

Осознание Блаженства имеет отрицательный и положительный аспекты. Аспект отрицания заключается в отсутствии сознания наслаждения и боли, его же положительный аспект — трансцендентное состояние наивысшего, безмятежного покоя, когда происходит фактическое расширение сознания до «всё в Одном и Один во всём». Оно имеет свои уровни. Добросовестный искатель истины лишь пробует его «на вкус», а «видящий», или пророк, наполнен им.

Поскольку наслаждение и страдание берут свои истоки в желаниях и потребностях, то нашей обязанностью, — если мы хотим достичь Блаженства, — должно стать избавление от всех желаний, кроме одного — желания Блаженства, нашей истинной природы. Если все наши достижения — научные, социальные и политические — руководствуются этой одной общей, единой целью (избавление от страданий), тогда зачем привносить в свою жизнь чужеродный элемент (наслаждение), забывая сосредотачиваться на внутреннем покое, то есть Блаженстве?

Тот, кто наслаждается прекрасным здоровьем, время от времени будет неизбежно ощущать боль, связанную с нездоровьем, потому что наслаждение зависит от мысленного условия, то есть идеи здоровья. Быть здоровым — это не плохо. И нет ничего плохого в стремлении быть здоровым. Но нежелательно иметь привязанность к мысленному условию и внутренне находиться под его воздействием, потому что это подразумевает желание, ведущее к страданию.

Мы должны стремиться иметь хорошее здоровье не потому, что оно приносит нам наслаждение, а потому что оно делает возможным выполнение наших обязанностей и достижение нашей цели. Время от времени ему будет противоречить его противоположное условие — нездоровье. Но Блаженство не зависит от условий — ни внешних, ни внутренних. *Оно — естественное состояние Духа.* Поэтому ему не угрожают противоположные условия. Оно будет течь нескончаемо и вечно, несмотря на поражение и успех, здоровье и болезнь, богатство и нищету.

ЧАСТЬ 3

БОГ КАК БЛАЖЕНСТВО

Общая побудительная причина всех действий

Предыдущая психологическая дискуссия о боли, наслаждении и Блаженстве поможет разъяснить — с помощью следующих двух примеров — мою концепцию о всеобщей крайней необходимости в Боге, которой мы коснулись в самом начале.

Ранее я отметил, что если мы проследим действия людей, то увидим, что основополагающей и всеобщей побудительной причиной человеческих действий является избавление от страданий и, как следствие, достижение Блаженства, то есть, иными словами, Бога. Первую часть этого побуждения — *избавление от страданий* — мы никак не можем отрицать, особенно если проанализируем мотивы всех совершаемых в мире действий — и благих, и злых.

Возьмем, к примеру, двух людей. Один человек хочет совершить самоубийство, другой, истинно религиозный человек, бесстрастен ко всему мирскому. Нет сомнений в том, что оба человека стараются избавиться от боли, не дающей им покоя; они оба стараются покончить с этой болью навсегда. Добьются ли они успеха своими действиями — это уже другой вопрос, но в своих побуждениях они едины.

Но все ли действия в этом мире вызываются *прямо*

и непосредственно второй частью основополагающего побуждения — *желанием достичь нескончаемого Блаженства*, то есть Бога? Разве непосредственным побуждением злодея является достижение Блаженства? Вряд ли. Причина этого была рассмотрена в нашей дискуссии о наслаждении и Блаженстве. Мы обнаружили, что наше духовное «Я», отождествив себя с телом, обрело привычку предаваться желаниям, что породило потребности. Эти желания и потребности ведут либо к страданию, если они не удовлетворены, либо к наслаждению, когда удовлетворены — объектами извне.

Но здесь со стороны человека допускается роковая ошибка. Когда потребность удовлетворена, у человека наблюдается приятное возбуждение, и — печально, но факт — он ошибочно сосредотачивается только на объекте, вызывающем это возбуждение, считая его главной причиной своего наслаждения. Он совершенно забывает, что сначала в его уме возникло возбуждение в форме желания или потребности, и что позже в его же уме возникло другое — последующее — возбуждение, но теперь уже в форме наслаждения, вызванного присутствием объекта извне. То есть, на самом деле, возникшее в уме возбуждение было заменено на другое возбуждение.

Объект извне не является причиной, он — всего лишь повод. Когда бедному человеку хочется лакомства, его желание может быть удовлетворено обыкновенной конфетой, и исполнение этого желания принесет ему наслаждение. А когда богатому человеку хочется лакомства, его желание, возможно, может быть удовлетворено только изысканными сладостями, но исполнение этого желания принесет ему ровно столько же наслаждения.

Так от чего же зависит наслаждение — от объекта извне или состояния ума? Конечно же, от последнего.

Однако наслаждение, как мы уже отметили, представляет собой возбуждение. Поэтому попытка погасить одно возбуждение (желание) другим возбуждением (наслаждением) никогда себя не оправдывает. Но поскольку мы продолжаем это делать, нашим возбуждениям нет конца, и, следовательно, нет конца боли и страданиям.

Лишь переживание Блаженства может эффективно погасить возбуждение

Все, что мы должны сделать, — это зафиксировать «регулятор» возбуждения, вызываемого желанием, на отметке «стоп», вместо того чтобы распалять его, то есть подпитывать последующим возбуждением, вызываемым наслаждением. Эта остановка возбуждения срабатывает эффективно только с помощью сознания Блаженства, которое представляет собой покой не пустого безразличия, а высшего бесстрастия — и к боли, и к наслаждению. Каждый человек стремится достичь Блаженства с помощью осуществленного желания, но по ошибке вместо Блаженства он выбирает наслаждение; поэтому его желаниям нет конца и он опять повергает себя в пучину страданий.

Наслаждение — это опасный манящий огонь, и все же мотивом наших будущих действий становится именно ассоциация с наслаждением. Уже доказано, что оно так же обманчиво, как и мираж в пустыне. Как мы отметили ранее, наслаждение состоит из сознания возбуждения и контрастного сознания (что боль уже прошла); поэтому, когда вместо Блаженства мы делаем нашей конечной целью наслаждение, мы готовим себя к бегу по кругу невежественного существования, где наслаждение и боль нескончаемо сменяют друг друга. Мы ввергаем себя в это ужасное состояние только потому, что наш угол зрения сместился с Блаженства на наслаждение.

Таким образом, мы видим, что, хотя истинная цель человечества и состоит в том, чтобы избавиться от боли и обрести Блаженство, человек, в попытке избежать страданий, совершает роковую ошибку и преследует нечто иллюзорное, называемое наслаждением, принимая его за Блаженство.

Истинность того, что именно Блаженство, а не наслаждение, является всеобщей и крайней необходимостью, косвенно доказывается тем фактом, что человек никогда не удовлетворяется одним объектом наслаждения. Он всегда порхает от одного к другому: от денег к одежде, от одежды к собственности, затем к наслаждениям супружеской жизни и так без конца. Таким образом, он непрестанно навлекает на себя страдания, хотя и желает избавиться от них, используя, как ему кажется, адекватные средства. Но постоянная неутоленность, похоже, всегда живет в его сердце.

А религиозный человек (это второй пример) всегда намерен использовать адекватные религиозные средства, с помощью которых он может войти в контакт с Блаженством, или Богом.

Когда я говорю: «Бог есть Блаженство», я имею в виду, что Он *есть* и что Он *осознает* Свое блаженное бытие. И когда мы желаем Вечного Блаженства, или Бога, под этим подразумевается, что вместе с Блаженством мы также желаем вечного, бессмертного, неизменного и всегда сознательного бытия. Мы уже доказали путем анализа побуждений и действий людей, что все мы — от самых верхов до самых низов — желаем пребывать в Блаженстве. Это аксиома.

Я повторю этот довод в несколько другой форме. Допустим, приходит какое-то сверхсущество и говорит нам, всему человечеству: «Эй, вы, земные создания! Я вам подарю вечное бытие, а в придачу вы получите вечное горе и страдание! Примете ли вы от меня такой подарок?» Кому понравится такая перспектива? Никому. В придачу к вечному бытию (*Сат*) все хотят вечного Блаженства (*Ананда*). Анализ побуждений человечества также показывает, что нет на земле никого, кто бы не хотел Блаженства.

И никому не нравится идея уничтожения; если бы кто-то ее предложил, мы бы содрогнулись. Все хотят нескончаемого бытия (*Сат*). Но если бы нам было дано вечное бытие без *осознания* бытия, мы бы от него отказались. Кому хочется постоянно пребывать во сне? Никому. Мы все хотим сознательного бытия.

В итоге, мы хотим вечного блаженного сознательного бытия — *Сат-Чит-Ананда* (Бытие-Сознание-Блаженство). Таково имя Бога в индуизме. По практическим соображениям из этих трех аспектов Бога здесь мы рассматриваем только Блаженство и наше побуждение достичь Блаженства; аспекты же *Сат и Чит* (*сознательное бытие*) мы затрагивать не будем, равно как и другие аспекты Бога, которые не относятся к нашей теме.

Что такое Бог?

Так что же такое Бог? Если бы Бог не был Блаженством, если бы контакт с Ним не вызывал у нас ощущения Блаженства или вызывал только боль, если бы контакт с Ним не освобождал нас от боли, следовало ли бы нам жаждать Его? Нет. Если Бог — это всего лишь нечто, от которого нам нет пользы, Он нам не нужен. Какая польза от Бога, который всегда остается неопознанным и чье присутствие не проявляется *внутри нас* даже в особых жизненных случаях?

Любое понятие Бога, сформулированное нами с помощью интеллекта (например, «Он трансцендентен» или «Он имманентен»), всегда будет смутным и расплывчатым, если мы не ощутим Его таковым. В действительности, мы держим Бога на почтительном расстоянии, иногда воспринимая Его как индивидуума и, опять же, *теоретически* думая о Нем, как о существе внутри нас.

Именно по причине расплывчатости нашего представления о Боге и нашего опыта в отношении Бога мы не способны осознать реальную необходимость в Боге и прагматическую ценность религии. Голые теории и идеи нас не убеждают. Они не изменяют нашу жизнь, они не оказывают ощутимого воздействия на наше поведение и не побуждают нас искать Бога.

Доказательство существования Бога кроется в нас самих

А что говорит о Боге Универсальная Религия? Она говорит, что доказательство существования Бога кроется в нас самих. Это внутренний опыт. Вне всякого сомнения, вы можете припомнить хотя бы один случай в своей жизни, когда во время поклонения или молитвы вы вдруг почувствовали, что сковывающая оболочка тела словно растворилась и отступили все переживания двойственности: наслаждение и боль, мелкая любовь и ненависть... Тишина и благодать наполнили сердце, и вы ощутили безмятежный покой — Блаженство и умиротворение.

И хотя подобное возвышенное переживание не часто приходит ко всем людям, все же нет сомнений, что каждый человек в какой-то момент своей жизни — во время молитвы или медитации, или в порыве благоговения и любви — испытал мгновения безмятежного покоя.

Не является ли это доказательством существования Бога? Какое прямое доказательство Его существования и Его природы можем мы предоставить, как не ощущение Блаженства, наполняющее нас во время искренней молитвы или поклонения? Существуют и другие доказательства. Например, космологическое доказательство существования Бога — когда от следствия мы приходим к причине, от сотворенного мира — к Его Творцу. Существует и телеологическое* доказательство — от плана или цели мы приходим к Высшему Разуму, осуществляющему план или цель. Есть еще и нравственное доказательство — от совести и чувства совершенства мы приходим к Совершенному Существу, перед Которым держим ответ.

И все же мы должны признать, что эти доказательства являются в большей или меньшей степени

---

* От греч. telos — завершение, цель.

результатом умозаключений. Ограниченные способности интеллекта не позволяют обрести полное и прямое знание о Боге. Интеллект дает только частичное и опосредованное представление о предмете. Рассматривать предмет умом — значит рассматривать его, не становясь с ним единым, то есть рассматривать его, будучи от него отделенным. Интуиция же (о чем мы будет говорить позже) — это прямое восприятие истины. И сознание Блаженства, или Божественное Сознание, познается именно через интуицию.

Нет ни малейших сомнений, что сознание Блаженства и Божественное Сознание абсолютно идентичны еще и потому, что пребывая в сознании Блаженства, мы чувствуем, что наша узкая индивидуальность преображается и мы возвышаемся над контрастами этого мира: болью и наслаждением, ненавистью и мелкой любовью, достигая такой высоты, с которой становятся отчетливо видны болезненность и ничтожество нашего обычного сознания. И мы чувствуем, что наша душа расширяется и наполняется любовью ко всем и вся. Стихает гомон мира, пропадают ощущения, и на нас снисходит сознание «всё в Одном и Один во всем». Появляется дивное сияние, и в нем тонет вся дисгармония и несовершенство. Мы как будто перенеслись в другую сферу — в родник вечной Благодати, в изначальную точку нескончаемого продолжения. Так разве сознание Блаженства не идентично Божественному Сознанию, которому присущи состояния постижения истины, упомянутые выше?

Поэтому становится очевидным, что самый лучший путь к пониманию Бога — ощутить Его как Блаженство, если мы вообще думаем, что Он доступен восприятию каждого человека. И тогда уже Бог не будет лишь концепцией и предметом теорий. Разве не более благородно такое понимание Бога, когда Его присутствие в наших сердцах обретает форму Блаженства, ощущаемого нами во время медитации — в состоянии благоговения и любви?

Религию можно считать всеобще необходимой, если только Бог воспринимается как Блаженство

Если мы воспринимаем Бога как Блаженство, тогда, и только тогда, религию можно считать всеобще необходимой. Ни один человек на свете не может отрицать, что он желает достичь Блаженства; и если он желает достичь его верным путем, то станет религиозным, приближаясь к Богу и ощущая Его таким же близким своему сердцу, как и Блаженство.

Стоит нам лишь пожелать, и осознание Блаженства, или Божественное Сознание, пропитает наш дух и все наши действия. Укрепившись в этом восприятии, мы будем способны распознавать относительную религиозную ценность всех действий и побуждений каждого человека на этой земле.

Когда мы придем к убеждению, что обретение такого восприятия Блаженства и есть наша религия, наше стремление, наша конечная цель, тогда исчезнут все сомнения в отношении смысла многообразных учений, предписаний и запретов различных вероисповеданий. Все они будут интерпретироваться в свете духовного роста, для которого они и предназначены.

И тогда воссияет истина, раскроется тайна бытия и прольется свет на все перипетии нашей жизни с ее разнообразными событиями и побуждениями. Мы будем способны отделить чистую правду от приложений к религиозным доктринам и сможем увидеть никчемность условностей, которые внесли столько сумятицы в умы людей и породили различия между ними.

Более того, если религия понимается именно так, то нет в мире человека, будь он молод или стар, студент или рабочий, юрист или врач, плотник, профессор или филантроп, — нет в мире такого человека, который в силу своего возраста или рода занятий не мог бы практиковать ее. Если устранение ощущения потребности и обретение Блаженства является религией, то кто же тогда не пытается быть религиозным? И кто же не захочет предпринять усилие, чтобы стать им еще в большей мере, если ему укажут верный метод?

Здесь не имеет значения, какая религия исповедуется — религия Христа, Магомета или Шри Кришны. Каждый человек на земле неизбежно пытается быть религиозным и при наличии соответствующих для этого средств может стать им в полной мере. И здесь не важны ни социальное положение, ни вероисповедания, ни секты, ни одеяния, ни климат, ни возраст, ни пол, ни профессия, ни должность. Это всеобщая религия.

Если бы вы сказали, что все люди на земле должны признать Шри Кришну своим Спасителем, приняли бы это христиане и мусульмане? Если бы вы сказали, что всем людям следует принять Христа как их Господа Бога, сделали бы это индуисты и мусульмане? И если бы вы предложили всем принять Магомета как их Пророка, согласились бы на это христиане и индуисты?

А вот если бы вы сказали: «О мои христианские, мусульманские и индуистские братья, ваш Господь — Вечно Блаженное Сознательное Существование, Вечно Блаженное Сознательное Бытие», разве они не примут этого? Смогут ли они отказаться? Разве не возжелают они Его как То Единственное, что способно положить конец их страданиям?

К такому заключению непременно придет и тот, кто скажет, что и христиане, и индуисты, и мусульмане принимают Христа, Кришну и Магомета не как Господа Бога — их принято считать всего лишь носителями Бога, человеческим воплощением Божественного. И что же, если человек действительно так думает? Ведь для нас главный интерес представляет не физическое тело Иисуса, Кришны и Магомета и не историческое место, которое они занимают.

Мы помним их не потому, что они проповедовали истину увлекательно и своеобразно. *Мы чтим их, потому что они познали и ощутили Бога.* Именно поэтому нам интересно их историческое существование и их многообразные формы выражения истины.

Разве не осознали они Бога как Блаженство и не поведали о настоящей благодати как истинной святости? Не делает ли это их едиными, не говоря уже о других аспектах Бога и истины, которые они осознали и выразили? И не следует ли христианину, индуисту и мусульманину проявить интерес к пророкам друг друга? — ведь каждый из них достиг Божественного Сознания. Как Бог объединяет все религии, так и осознание Бога как Блаженства делает единым сознание всех пророков всех религий*.

В Боге, или сознании Блаженства, удовлетворяются наши духовные устремления

Мы не должны думать, что понятие Бога, изложенное ранее, слишком абстрактно и не имеет ничего общего с нашими духовными надеждами и стремлениями, требующими представления о Боге как Существе личном. В понятии, о котором идет речь, Бог — Существо не безличное (как это принято понимать), и Он не есть Существо личное (как это понимается в узком смысле).

Бог не является человеком, как мы, со всеми нашими ограничениями. Наше бытие, сознание, чувство и воля — всего лишь тень Его Бытия, Сознания и Блаженства. Он есть личность в трансцендентном смысле. Наше бытие, сознание и чувства ограничены и эмпиричны, а Его — безграничны и трансцендентны. Он имеет аспект безличного и абсолютного, но мы не должны думать, что Он непостижим и недосягаем — даже для нашего внутреннего опыта.

Его присутствие можно уловить, когда на душе царит покой. Мы осознаем Его именно в сознании Блаженства. И не может быть другого прямого

---

* Сознание Блаженства занимает важное место и в так называемых атеистических религиях, как например, буддизм. Нирвана в буддизме — это не «задувание света» и исчезновение бытия, как ошибочно полагают многие западные авторы. Это, скорее, состояние, когда маленькое «я» индивидуальности растворяется и приходит ощущение единения со всем и вся, сопровождающееся трансцендентным покоем. Именно это и присуще состоянию Высшего Блаженства, хотя в буддизме имя Бога не используется.

доказательства Его существования. Именно в Нем как Блаженстве воплощаются наши духовные надежды и стремления, а наша преданность и любовь находит свою цель.

Понимание Бога как Существа личного, Которое есть не что иное, как увеличенная проекция нас самих, не обязательно. Бог может быть или стать чем угодно — личным, безличным, великодушным, всемогущим и т.д. Нам не нужно беспокоится об этом. Любое понятие, побуждающее нас искать Его, отвечает в полной мере нашим целям, надеждам, духовным стремлениям и совершенствованию.

И не следует думать, что такое понятие Бога превратит нас в мечтательных идеалистов, порвавших связь с практическим миром и нашими обязанностями, чувством долга, радостями и печалями. Если Бог есть Блаженство, и если мы ищем Блаженства, чтобы познать Его, это не значит, что мы должны забыть о своих земных обязанностях. Исполняя их, мы все равно можем ощущать Блаженство, ибо Оно находится за пределами их влияния. В Блаженстве мы возвышаемся над радостями и печалями мира, но не над высшей необходимостью исполнять то, что нам велит чувство долга в этом мире.

Человек, достигший Самореализации, знает, что Бог — единственный Делатель; сила для выполнения всех действий приходит к нам от Него. Тот, кто пребывает в центре своего духовного «Я», ощущает себя бесстрастным наблюдателем всех действий — смотрит ли он, слушает, чувствует, осязает или обоняет. Погруженные в Блаженство, такие люди живут согласно Божьей воле.

Когда культивируется непривязанность, исчезает узкий эгоизм. Мы чувствуем, что играем на сцене жизни данные нам роли, внутренне не поддаваясь воздействию горя и печали, любви и ненависти, которые испытывают наши персонажи.

Великий спектакль жизни

Этот мир во всех отношениях воистину похож на театральную сцену. Режиссер выбирает людей, чтобы с их помощью поставить определенный спектакль. Он дает определенные роли определенным людям, и все они работают под его руководством. Кого-то режиссер делает королем, кого-то — министром, кого-то — слугой, кого-то — героем и т.д. Один человек играет грустного персонажа, другой — веселого.

Если каждый человек играет свою роль согласно указаниям режиссера, то спектакль, со всеми его разнообразными комическими, серьезными и печальными мизансценами, имеет большой успех. Все роли чрезвычайно важны в спектакле — даже самые незначительные.

Успех спектакля всегда зависит от совершенства исполнения каждой роли, будь она грустной или веселой. Каждый актер реалистично изображает радость или грусть, но, хотя внешне похоже, что он находится под их воздействием, внутри он неподвержен влиянию изображаемого эмоционального состояния, будь то любовь, ненависть, пылкое желание, злоба, высокомерие или кротость.

Но если бы актер, играя свою роль, отождествил себя с определенной ситуацией или чувством, которые разыгрываются в спектакле, и утерял свою собственную индивидуальность, о нем бы подумали, по меньшей мере, что он глупец. Для пояснения я вам расскажу одну историю.

В доме одного богатого человека ставили спектакль «Рамаяна»*. И в последний момент обнаружилось, что человек, который должен был играть роль Ханумана (обезьяны), слугу и друга Рамы**, не явился. Режиссер, в полном отчаянии, схватил одного простолюдина страшной наружности по имени Нилкамал и стал уговаривать его сыграть роль Ханумана.

Нилкамал было отказался, но его вынудили выйти на сцену. Его устрашающая внешность вызвала громкий хохот в публике, и все начали весело скандировать: «Хануман, Хануман!»

Нилкамал не мог этого вынести. Он забыл, что это был всего лишь спектакль и стал раздраженно кричать: «Почему это вы называете меня Хануманом, господа? И почему вы смеетесь? Я не Хануман! Это он [режиссер] заставил меня прийти сюда в таком виде!»

В этом сложном мире жизнь каждого из нас — всего лишь спектакль. Но, увы, мы отождествляем себя со спектаклем и поэтому переживаем и отвращение, и печаль, и наслаждение. Мы забываем указания и наставления Главного Режиссера. В процессе нашей жизни, то есть исполнения своей роли, мы по-настоящему переживаем все наши печали и наслаждения, любовные страсти и вспышки ненависти, — словом, формируем привязанности и оказываемся под воздействием эмоций.

Этот спектакль Жизни не имеет ни начала, ни конца. Все мы должны с готовностью играть в нем свою роль, данную нам Главным Режиссером, и должны

---

* Пьеса по одноименному древнеиндийскому эпосу. — Прим. ред.

** Главный герой «Рамаяны», почитаемый как одно из земных воплощений Бога. — Прим. ред.

играть ее ради спектакля, и только. Играя печальные роли, мы должны быть печальными, а играя веселые роли, мы должны быть веселыми; внутри же мы никогда не должны отождествляться со своей ролью.

И не должны мы пытаться играть чужую роль. Если бы все люди в мире играли роль короля, то спектакль сам по себе стал бы бессмысленным и неинтересным.

Тот, кто достигает сознания Блаженства, *воспринимает* мир как сцену и играет свою роль в меру своих сил, помня о Главном Режиссере — Боге, зная Его план и чувствуя Его руководство.

ЧАСТЬ 4

ЧЕТЫРЕ ОСНОВНЫХ РЕЛИГИОЗНЫХ МЕТОДА

Необходимость в религиозных методах

Мы уже узнали из первых трех глав, что отождествление нашего духовного «Я» с телом и умом является основополагающей причиной наших страданий и ограничений и что в результате этого отождествления мы испытываем такие ощущения, как боль и наслаждение, оставаясь глухи к состоянию Блаженства — Божественному Сознанию. Мы также узнали, что суть религии состоит в избавлении от страданий и в обретении истинного Блаженства — Бога.

Подобно тому как настоящие очертания солнца невозможно уловить на поверхности бегущей воды, так и истинную благодатную природу духовного «Я» — отражение Вселенского Духа — невозможно постигнуть из-за волн беспокойства, порожденных отождествлением духовного «Я» со сменяющимися состояниями ума и тела. Как бегущая вода искажает подлинные очертания солнца, так и беспокойное состояние ума — из-за отождествления — искажает истинную, вечно благодатную природу нашего внутреннего «Я».

Цель этой главы — рассмотреть основные, самые доступные и самые рациональные методы, имеющие практическую ценность для каждого, — методы, которые освободят вечно блаженное духовное «Я» от губительной связи и отождествления с постоянно изменяющимися состояниями тела и ума и, таким образом, позволят навсегда избавиться от боли и достичь Блаженства, что и составляет суть религии.

Поэтому основные методы, которые мы будем рассматривать, являются религиозными методами, и они включают в себя религиозные действия, ибо только такими средствами можно освободить духовное «Я» от отождествления с умом и телом —и следовательно, от боли, — чтобы суметь обрести нескончаемое Блаженство, то есть Бога.

«Сын Божий» и «Сын Человеческий»

Когда Христос назвал Себя «Сыном Божьим», Он подразумевал Вселенский Дух, живущий в Нем. В Евангелии от Иоанна (10:36) Иисус говорит: «Тому ли, Которого Отец освятил и послал в мир...Я сказал: "Я Сын Божий"».

В других случаях, когда Христос использовал выражение «Сын Человеческий», Он имел в виду физическое тело; продолжение человека; плоть, рожденная от другой плоти. Например, в Евангелии от Матфея (20:18-19), Иисус говорит ученикам: «Вот, мы восходим в Иерусалим, и Сын Человеческий предан будет первосвященникам и книжникам...И предадут Его язычникам...на...распятие».

В Евангелии от Иоанна (3:5-6) Христос говорит: «Если кто не родится от воды и Духа [океанической вибрации *Аум*, или *Аминь*; Святого Духа; Незримой Силы, удерживающей все мироздание; Бога в Его имманентном аспекте Творца], не может войти в Царствие Божие.

Рожденное от плоти есть плоть, а рожденное от Духа есть дух». Эти слова означают, что пока мы не *возвы-симся* над телом и не осознаем себя как дух, мы не сможем войти в Царство (т. е. состояние) Вселенского Духа.

Эта мысль перекликается со стихом из индуистских писаний: «Если сумеешь над телом возвыситься и духом себя ощутишь, от всех страданий ты освободишься, навеки высшее Блаженство обретешь».

Итак, существует *четыре* основных универсальных религиозных метода. Если следовать им в повседневной жизни, со временем они помогут освободить духовное «Я» от сковывающей его оболочки ума и тела. В эти четыре вида религиозных методов я включаю все возможные религиозные практики, которые предписывались во все времена всеми святыми, праведниками и пророками Божьими.

Причина размежевания религий

Религиозные практики вводятся пророками в форме доктрин. Люди ограниченного мышления, не сумев понять истинное значение этих доктрин, воспринимают их экзотерическое, или поверхностное, значение, и постепенно все в большей мере предаются соблюдению формы: ритуалам, условностям и их строгой практике. Таково происхождение сектантства.

Отдых от работы в воскресный день был ложно истолкован как отдых от всякой работы — даже религиозной. И здесь таится опасность для людей, чье понимание ограничено. Мы должны помнить, что не мы были созданы для воскресного дня, а воскресный день был создан для нас; не мы созданы для правил, а правила созданы для нас — они изменяются, когда мы изменяемся. Вместо того чтобы догматически следовать внешнему содержанию правила, мы должны следовать его сути.

Изменение в форме и обычаях для многих представляется как смена религии. Однако, глубинное значение всех доктрин всех пророков по сути одинаково. Большинство людей этого не понимают.

Такая же опасность подстерегает и тех, кто наделен исключительными умственными способностями: они стараются познать Высшую Истину лишь силой своего интеллекта, но Высшая Истина может быть познана только осознанием. Осознание — это не просто понимание. Мы никогда не смогли бы понять умом, что такое сладость сахара, если бы его не попробовали. И религиозное знание таким же образом исходит из глубочайшего опыта нашей собственной души. Именно это мы и забываем, когда стремимся к знанию о Боге, религиозных догматах и морали. Мы редко пытаемся познать их через наш внутренний религиозный опыт.

Очень жаль, что люди, наделенные незаурядным интеллектом и успешно применяющие его для разгадки глубоких истин в естествознании и других областях знания, думают, что они сумеют постигнуть умом высочайшие религиозные и нравственные истины. И жаль, что интеллект этих людей и их способность к рассуждению, вместо того чтобы помогать им, часто чинит препятствия для понимания Высшей Истины, которую можно познать единственно возможным способом: испытав ее.

А теперь давайте рассмотрим четыре метода, которые ведут к духовному росту.

ЧЕТЫРЕ ОСНОВНЫХ РЕЛИГИОЗНЫХ МЕТОДА

1. Интеллектуальный метод

Интеллектуальный метод — это общепринятый естественный метод, малоэффективный для осуществления цели.

Интеллектуальное развитие и прогресс присущ всем разумным существам. Лишь наша способность осознавать себя отличает нас от низших животных, которые обладают сознанием, но лишены самосознания.

Мы видим, что в процессе эволюции это сознание постепенно становится самосознанием — из животного сознания рождается самосознание. Сознание постепенно пытается освободиться, пытается познать самое себя, и таким образом преобразуется в самосознание. Это изменение является эволюционной необходимостью, и всемирное стремление к умственным занятиям определяется именно этой необходимостью. Духовное «Я», отождествленное в разной степени и форме с состояниями ума и тела, пытается постепенным и естественным путем вернуться к самому себе посредством себя.

Развитие сознательного мыслительного процесса является одним из методов, взятым на вооружение нашим духовным «Я», для того чтобы выйти за пределы сковывающей его оболочки ума и тела. Усилия духовного «Я» вернуться к самому себе (к своему утраченному бытию) путем развития мыслительного процесса вполне естественны. Это мировой процесс.

Вселенский Дух проявляет Себя на всех уровнях

развития — от низшего к высшему. В минералах и в земле нет ни жизни, ни сознания, как мы привыкли их понимать. В деревьях наблюдается вегетативный рост — это уже приближение к жизни, но все же свободно текущей жизни или сознательного мыслительного процесса в них нет. В животных есть жизнь и жизненное сознание. В человеке — кульминационной точке творения — есть жизнь, есть сознание жизни и есть сознание себя (самосознание).

Поэтому человеку свойственно развиваться через мыслительную деятельность — учебу, научную работу и кропотливые исследования причин и следствий в природном мире.

Чем глубже погружается человек в мыслительный процесс, тем больше он задействует так называемый «метод», благодаря которому он стал тем, кто он есть, в процессе мировой эволюции (то есть метод, благодаря которому сознание развивается в самосознание) и человек — сознательно или бессознательно — постепенно приближается к своему духовному «Я», ибо, *погружаясь в мысль, мы выходим за пределы своего тела.*

Намеренное следование этому методу принесет несомненные результаты. Тренировка мышления посредством учебы ради обретения знания в какой-либо области способствует в определенной мере усовершенствованию самосознания, однако она не так эффективна, как тот мыслительный процесс, который имеет своей единственной целью выйти за пределы тела и узреть истину.

В Индии наивысший интеллектуальный метод называется *джняна-йога* — обретение истинной мудрости посредством запоминания и распознавания, как например, постоянного напоминания себе: «Я не тело. Преходящий спектакль мира не оказывает на мое «Я» никакого воздействия. Я есть Дух».

Недостаток этого метода в том, что это очень *медленный* процесс — потребуется очень много времени, чтобы таким путем духовное «Я» смогло осознать себя. С помощью этого метода духовное «Я» начинает осознавать себя, но, тем не менее, всегда остается вовлеченным в серии мыслей, к которым оно не имеет никакого отношения.

Спокойное состояние Духа недоступно восприятию умом и телом, но когда это состояние достигается, оно наполняет и тело, и ум.

2. Метод преданной любви к Богу

Этот метод состоит в попытке сосредоточить все наше внимание на одном предмете мысли, а не на серии мыслей и не на нескольких предметах (как это характерно для интеллектуального метода).

Метод преданной любви к Богу включает в себя всевозможные формы поклонения, как например, моление (из которого должны быть удалены все мысли о мирском). Духовное «Я» должно глубоко и с почитанием сосредоточиться на избранном предмете концентрации, будь то мысль о Боге как личности или безличной Вездесущности. Главный момент заключается в том, что поклоняющийся должен *в меру всех своих сил* сосредоточиться на одной, обращенной к Богу, мысли.

С помощью этого метода духовное «Я» постепенно освобождается от помех, вызываемых наплывом мыслей, и получает возможность и время думать о себе внутри себя. Когда мы молимся искренне, мы забываем об ощущениях тела и не даем проникнуть мыслям, которые стараются отвлечь наше внимание.

Чем глубже наша молитва, тем больше удовлетворения мы ощущаем, и это становится критерием измерения нашей близости к Блаженству — Богу. Когда мы научимся отстраняться от телесных ощущений и контролировать блуждающие мысли, превосходство этого метода над предыдущим станет очевидным.

Однако этот метод представляет некоторые трудности и имеет свои недостатки. Поскольку духовное «Я» долгое время находилось в рабстве у тела и прочно связано с ним (что стало укоренившейся привычкой), ему трудно отвести свое внимание от ощущений тела и ума. И как бы мы ни старались предаться всем сердцем молению или поклонению в какой-либо другой форме, нашим вниманием нещадно завладевают постоянно вторгающиеся телесные ощущения и мелькающие мысли, пробуждаемые памятью. Часто во время моления мы полностью погружаемся в думы о желаемом (благоприятных обстоятельствах) или в любой момент готовы реагировать на малейший дискомфорт тела.

Несмотря на все сознательные усилия, эта плохая привычка, уже ставшая нашей второй натурой, властвует над желаниями нашего духовного «Я». Несмотря на наше желание, ум становится беспокойным, а, как гласит пословица: «Где наш ум, там и наше сердце». Нам следует молиться Богу всей душой, а мы обычно молимся рассеянно, отвлекаемые блуждающими мыслями и всевозможными телесными ощущениями.

3. Медитативный метод

Этот и следующий методы являются чисто научными и включают в себя практический курс подготовки, предписываемый великими мудрецами, которые в своей жизни познали истину на себе. Я сам учился у одного из них.

В этих методах нет ничего таинственного и опасного; они достаточно легки для тех, кто их правильно освоил, и их содержание истинно для всех. Знание, усвоенное практически — самое лучшее доказательство действенности этих методов и их прагматической пользы.

Практикуя медитацию регулярно, пока она не станет привычкой, вы можете достичь состояния «сознательного сна». Мы обычно испытываем это тихое, спокойное и приятное состояние во время погружения в сон — перед тем, как впасть в забытье, и перед полным пробуждением — когда выходим из глубокого сна.

В состоянии сознательного сна мы освобождаемся от всех мыслей и телесных ощущений, и наше духовное «Я» получает возможность думать о себе, впадая в блаженное состояние время от времени — в зависимости от того, как глубоко и с какой регулярностью оно практикует медитацию.

В этом состоянии мы временно отстраняемся от всех телесных и ментальных помех, отвлекающих наше духовное «Я». В результате такого медитативного процесса чувствительные нейроны, как и во сне, успокаиваются, и это позволяет держать под контролем органы чувств.

Вышеупомянутое медитативное состояние — это лишь первая ступень к настоящей медитации. В сознательном сне мы учимся контролировать только органы чувств; от обычного сна это состояние отличается лишь тем, что во сне органы чувств контролируются автоматически, а в медитации — сознательно.

Однако на этой начальной стадии медитации духовное «Я» все еще уязвимо к помехам, вызываемым внутренними органами (сердцем, легкими и другими частями тела, о которых мы ошибочно думаем, что они неуправляемы)*.

Мы должны искать более эффективный метод, потому что, пока духовное «Я» не научится произвольно отключать все телесные ощущения — даже внутренние, — вызывающие наплыв мыслей, оно все еще остается уязвимым к этим помехам и у него не будет ни надежды обрести контроль над телом, ни времени, ни возможности познать самого себя.

4. Научный метод, или йога

Апостол Павел сказал: «Я каждый день умираю»**. Этим он хотел сказать, что ему был знаком процесс управления работой внутренних органов и он мог произвольно высвобождать свое духовное «Я» из тела и ума. Обыкновенные, ненатренированные в этом плане люди испытывают такое состояние только при смерти, когда духовное «Я» высвобождается из изношенного тела.

---

* Мало кто умеет, подобно великим святым и мудрецам, давать отдых внутренним органам. Поскольку мы считаем, что они неуправляемы, они изнашиваются и неожиданно останавливаются; их остановку мы называем смертью или «вечным сном».

** 1 Кор 15:31.

Те, кто прошел практическую и регулярную подготовку по этому научному методу*, могут ощущать свое духовное «Я» отделенным от тела, *не подвергаясь физической смерти.*

Здесь я представляю только общие черты этого метода и подлинно научной теории, на которой он основывается. То, что я здесь излагаю, основано на моем личном опыте. И я смею утверждать, что он подходит всем людям. Я также могу утверждать, что то Блаженство, которое составляет нашу конечную цель, в высокой степени ощущается во время практики этого метода. Его практика сама по себе блаженна, и я осмелюсь сказать, что она намного блаженней всех самых прекрасных наслаждений, которые наши пять органов чувств или ум позволяют нам испытать.

У меня нет необходимости приводить другие доказательства этой истины — каждый может убедиться в ней на собственном опыте. Чем больше человек практикует этот метод, — то есть практикует регулярно и терпеливо, — тем явственнее он чувствует, что укрепляется в Блаженстве.

Из-за упрямства плохих привычек сознание телесного бытия — со всей его памятью — время от времени оживает и начинает бороться с достигнутым спокойствием; но если человек практикует этот метод регулярно и в течение продолжительных периодов, в один прекрасный день он обнаружит, что находится в

---

* Научный метод, упоминаемый здесь и в остальной части книги, называется *Крийя-йога,* древняя духовная наука, включающая определенную йогическую технику медитации, которой обучает Парамаханса Йогананда в Уроках SRF (Self-Realization Fellowship Lessons). — Прим. изд.

супраментальном состоянии Блаженства.

Однако нам не следует мудрствовать, заранее представляя себе результаты, к которым может привести этот метод, а затем после короткой попытки перестать его практиковать. Для того чтобы прогрессировать по-настоящему, необходимо следующее: во-первых, посвятить себя предмету изучения; во-вторых, гореть желанием познать неизведанное; и в-третьих, проявлять настойчивость до тех пор, пока цель не будет достигнута.

Если мы не идем до конца, а, начав практику, через некоторое время от нее отказываемся, мы никогда не добьемся желаемого результата. Новичок в духовной практике, пытающийся предугадать опыт мастеров (праведников всех времен) подобен ребенку, пытающемуся представить себе университетскую программу.

Очень жаль, что люди тратят столько усилий и времени на обеспечение своего физического существования или на интеллектуальные споры о теориях и редко придают значение осознанию и терпеливой практике истин, которые не только оживляют жизнь, но и придают ей смысл. Усилия, направленные к неверной цели, часто удерживают их внимание намного дольше, чем усилия в верном направлении.

Я практикую вышеупомянутый метод уже в течение многих лет. И чем больше я его практикую, тем глубже я ощущаю радость нескончаемого Блаженства.

Мы не должны забывать, что наше духовное «Я» находится в рабстве у тела с незапамятных времен. Оно не может быть освобождено за один день, и короткая или постоянно прерывающаяся практика этого метода не приведет нас к высшему Блаженству и не даст нам умения управлять работой внутренних органов. Для этого потребуется терпеливая практика на протяжении очень и очень долгого времени.

Тем не менее, этот процесс гарантирует наивысшую радость, которую несет в себе осознание истинного Блаженства. Чем больше мы будем практиковать, тем быстрее мы его достигнем. Я желаю всем вам, как искателям Блаженства (поскольку все мы входим в их число), испытать на себе эту всеобщую истину, которая живет во всех нас и может быть испытана каждым. Это состояние — не изобретение чьего-либо ума. Оно всегда с нами, мы только должны открыть его в себе.

Не испытав этой истины, не оставайтесь равнодушными к тому, что я пишу. Возможно, вы уже устали от разных теорий, из которых ни одна не оказала прямого воздействия на вашу жизнь. Здесь речь идет не о теории, а об осознанной истине. Я вам даю всего лишь общее представление о том, что может быть испытано на собственном опыте.

К моему огромному счастью, много лет назад в Индии меня обучил науке познания истины один великий святой*. Вы можете спросить, почему я вас призываю, почему я обращаю ваше внимание на все эти факты. Имею ли я какой-нибудь личный интерес? И на это я отвечу: да! Я желаю дать вам эту истину в надежде получить взамен чистую радость оттого, что я помог вам найти собственную радость в практике этой истины и ее осознании.

---

* Свами Шри Юктешвар, гуру Парамахансы Йогананды. — Прим. изд.

Физиологическое объяснение научного метода

Для того чтобы понять этот метод хотя бы в общих чертах, давайте обратимся к физиологии. Здесь я коснусь функций главных жизненных центров и электрического потока, текущего через эти центры от головного мозга к внешним органам чувств и внутренним органам, что обеспечивает их жизненной энергией.

Существуют шесть главных центров, через которые *пранический* поток (жизненная энергия, или жизненные токи)*, поступающий из головного мозга, распределяется во все части тела с помощью нервной системы:

1. Центр продолговатого мозга
2. Шейный центр
3. Грудной центр
4. Поясничный центр
5. Крестцовый центр
6. Копчиковый центр

Головной мозг (высший центр) является главным генератором электроэнергии в теле. Все жизненные центры связаны друг с другом и действуют под руководством высшего центра (мозговых клеток). Клетки мозга посылают поток жизненной энергии в эти центры, которые, в свою очередь, направляют его в нисходящие и восходящие нервы, передающие соответственно двигательные импульсы и ощущения (осязание, зрение и т.д.).

Этот поток электричества, вырабатываемый

---

* От слова *прана* — разумная энергия, которая активизирует и поддерживает жизнь в теле; по своей структуре она более тонкая, чем атомная энергия.

Парамаханса Йогананда в Нью-Йорке, 1926 г.

Одно из первых богослужений, которые Парамаханса Йогананда провел в Главном международном Центре SRF, 1925 г.

Главный международный Центр SRF, 1982 г.

мозгом, составляет жизнь организма (его внутренних и внешних органов), и благодаря этому электрическому посреднику информация о наших ощущениях достигает мозга и вызывает мыслительные реакции.

Если духовное «Я» желает надежно отключить отвлекающие его телесные ощущения (которые вызывают, в свою очередь, серии мыслей), оно должно взять под контроль этот поток электричества, то есть «вытянуть» его из нервной системы и сосредоточить в семи главных центрах (включая головной мозг). С помощью этого процесса внешние и внутренние органы приводятся в состояние полного покоя.

Во сне активность электропотока между мозгом и органами чувств снижается, для того чтобы сигналы от зрительной системы, тактильные чувства и так далее не достигали мозга. Поскольку это снижение неполное, достаточно сильный стимул извне восстанавливает активность электропотока и достигает мозга, в результате чего человек просыпается. А внутренним органам (сердцу, легким и др.) во сне всегда посылается непрерывный электропоток, для того чтобы они продолжали функционировать.

Практика научного метода помогает освободиться от отвлекающих мыслей и телесных ощущений

Поскольку во сне не происходит полной остановки электропотока жизни, его покой нарушается ощущениями телесного дискомфорта, физической боли или сильными раздражителями извне. Но с помощью научной системы (которую мы не будем здесь описывать в деталях), мы можем регулировать ток жизни одновременно во внешних и во внутренних органах тела. Это конечный результат нашей практики; однако, возможно, потребуются годы, чтобы добиться такого идеального контроля над своим телом.

Подобно тому как после сна, то есть отдыха, внешние органы (имеются в виду органы чувств) полны свежих сил, так и после отдыха, вызываемого практикой этого научного метода, внутренние органы тоже наполняются силой; их рабочий потенциал повышается и, таким образом, продлевается жизнь.

Во время сна наши органы чувств бездействуют, и нас это совершенно не беспокоит. Точно так же мы не должны бояться практиковать сознательную смерть, то есть давать отдых нашим внутренним органам. Таким образом мы возьмем смерть под свой контроль; и когда нам станет ясно, что телесный дом обветшал и стал непригодным, мы будем способны оставить его в любой момент. «Последний же враг истребится — смерть»*.

Процесс, о котором мы ведем речь, можно проиллюстрировать следующим образом. Если городская центральная телефонная станция имеет постоянную линию связи с разными районами города, то люди, звонящие оттуда, могут всегда — даже если руководство станции этого не желает — посылать сообщения посредством электросигнала, идущего по соединительным проводам. Если центральная телефонная станция желает прервать коммуникацию с этими районами, она может выключить главный рубильник и обесточить провода.

Таким же образом посредством научного метода

---

* 1 Кор 15:26.

мы учимся вбирать в наш *главный центр* (позвоночник и мозг) ту жизненную энергию, которой наполнены другие части нашего тела. Процесс состоит в намагничивании спинномозгового канала и головного мозга, содержащих семь жизненных центров, для того чтобы вернуть распределенную в теле энергию обратно в эти центры и воспринять ее как свет. В таком состоянии духовное «Я» может сознательно освободить себя от отвлекающих его мыслей и телесных ощущений.

Образно говоря, духовное «Я» против своей же воли постоянно отвлекается на телефонные звонки, идущие от двух типов «людей» — благородного сословия, то есть мыслей, и простолюдинов — телесных ощущений. Для того чтобы прервать с ними связь, духовное «Я» должно просто «отключить» (с помощью практики четвертого метода) «коммутатор» своего телесного дома, перекрыв таким образом идущий по телефонным проводам поток электричества. И только тогда духовное «Я» сможет отдохнуть от осаждающих его отвлечений.

Внимание выполняет роль главного директора, запускателя энергии. Внимание является активной причиной запуска электропотока жизни из мозга в двигательные и чувствительные нервы. Например, для того чтобы отогнать надоедливую муху, мы силой внимания запускаем электропоток в двигательные нервы и тем самым производим желаемое движение рукой. Этот пример дает общее представление о силе, посредством которой электропоток в организме может регулироваться и возвращаться в свои семь центров.

Эти семь астральных спинномозговых центра имеют форму звезд, и их тайна упоминается в Библии.

Апостол Иоанн распечатал потайные двери семи центров и поднялся до истинного понимания себя как Духа: «Напиши, *что* ты видел… тайна семи звезд…»*.

Постоянная практика научного метода ведет к осознанию Бога (Блаженства)

В заключение я хотел бы описать природу состояний, которые возникают, когда электропоток жизни контролируется *полностью*. В самом начале, во время намагничивания спинномозгового канала, появляется очень приятное ощущение. А регулярная и продолжительная практика этого метода порождает состояние Блаженства, которое погашает состояние возбуждения, вызываемое телесным сознанием.

Это блаженное состояние мы уже описали как нашу общую цель и крайнюю необходимость, поскольку в нем мы по-настоящему осознаем Бога, то есть Блаженство, и чувствуем, как расширяется наше истинное «Я». Чем чаще повторяется это переживание, тем быстрее растворяется наша узкая индивидуальность, тем скорее достигается единение со всем и вся, и наше общение с Богом становится более прямым и непосредственным.

Религия на самом деле есть не что иное, как слияние нашей индивидуальности со всем и вся. Поэтому в сознании этого блаженного состояния мы поднимаемся по ступеням религии. Мы оставляем удушающую атмосферу ощущений и блуждающих мыслей и входим в царство Небесного Блаженства.

Посредством этого процесса мы постигаем то, что

---

* Откр 1:19,20.

истинно для всех, а именно: когда, благодаря постоянной практике, блаженное состояние нашего духовного «Я» становится реальностью, мы обнаруживаем, что всегда находимся в святом присутствии блаженного Бога, живущего внутри нас. Мы лучше исполняем свои обязанности и направляем наше внимание на саму обязанность, а не на эгоистичное сознание наслаждения и боли. Нам открывается тайна бытия, и наша жизнь наполняется ее истинным смыслом.

В учениях всех религий, будь то христианство, ислам или индуизм, подчеркивается одна и та же истина: пока человек не познает себя как Дух, источник Блаженства, он будет ограничен смертными понятиями и подвержен неумолимым законам природы. Знание своего истинного «Я» приносит человеку вечную свободу.

Мы можем познать Бога, только познав самих себя, потому что наша истинная природа подобна Его природе. Человек создан по образу Божьему. Если вы изучите рассматриваемые здесь методы и будете добросовестно их практиковать, вы познаете себя как блаженный дух и постигнете Бога.

Эти методы включают в себя все возможные средства, необходимые для постижения Бога. Они оставляют за пределами рассмотрения неисчислимое множество общепринятых правил и второстепенных практик, предписываемых так называемыми разными религиями, потому что одни из них открыты для индивидуальной интерпретации и поэтому несущественны в данном случае (хотя это не значит, что они не нужны), а другие будут затронуты непосредственно в процессе практики этих методов, и нет необходимости полностью освещать их здесь.

Научный метод напрямую задействует энергию жизни

Превосходство этого метода над другими состоит в том, что он задействует саму *энергию жизни*, то есть именно то, что привязывает нас к нашей узкой индивидуальности. Обычно, вместо того чтобы направляться вовнутрь и сливаться с расширяющей силой нашего духовного «Я», наша жизненная энергия направляется наружу, побуждая тело и ум находиться в постоянном движении и нарушать покой духовного «Я» телесными ощущениями и блуждающими мыслями.

Поскольку жизненная энергия направляется наружу, ощущения и мысли искажают безмятежный образ духовного «Я», то есть Души. Четвертый метод учит нас направлять жизненную энергию вовнутрь. Следовательно, это *прямой и непосредственный* метод. Он ведет нас прямо в сознание нашего «Я», благодатного Бога, и посему не требует посредничества.

Суть этого метода — обретение контроля над своей жизненной энергией и регулирование ее потока путем подчинения себе общеизвестного проявления этой жизненной энергии. Другие же методы контроля над жизненной энергией, в целях пробуждения сознания духовного «Я» в его блаженном и других аспектах, задействуют интеллект, то есть мыслительный процесс.

Также следует отметить, что все религиозные методы в мире прямо или косвенно, тайно или явно предписывают контроль над жизненной энергией, ее регуляцию и направление вовнутрь, для того чтобы суметь возвыситься над телом и умом и познать свое «Я» в его первозданности. Четвертый метод управляет жизненной энергией с помощью самой жизненной энергии — прямо и непосредственно, в то время как другие методы делают это опосредованно — с помощью мысли, молитвы, добрых дел, поклонения или «сознательного сна».

Присутствие жизни в человеке означает существование, ее отсутствие означает смерть. Следовательно, метод, который обучает энергию жизни управлять самой собою, несомненно, должен быть самым лучшим.

Ученые мудрецы разных времен и народов предлагали те методы, которые отвечали мышлению и укладу жизни людей, среди которых они жили и проповедовали. Какой бы метод каждый из них ни выбирал, будь то молитва, мысли, чувства, добрые дела, любовь или медитация, их цель всегда была одна и та же. Все они подразумевали, что телесное сознание должно быть преодолено путем направления жизненной энергии вовнутрь и что наше «Я» должно быть познано таким, каким отражается солнце в спокойных, безмятежных водах. Все они использовали в своей практике именно то, чему прямо, без помощи посредников обучает четвертый метод.

В то же время следует отметить, что практика этого метода никоим образом не мешает человеку развивать свой интеллект, укреплять свое тело, заниматься общественно полезными делами и наполнять свою жизнь самыми лучшими чувствами и побуждениями, посвящая ее благотворительности. На самом деле, всем людям следует предписывать *всестороннее* развитие. Для практики этого метода оно будет больше подспорьем, чем обузой. Единственное, что требуется — это не забывать о ее цели. Тогда все действия и все устремления будут на пользу практикующему.

Самое главное в этом процессе — полностью понять тайну энергии жизни, которая поддерживает телесный организм человека, наполняя его вибрациями жизни и энергии.

ЧАСТЬ 5

ИНСТРУМЕНТЫ ПОЗНАНИЯ И ТЕОРЕТИЧЕСКАЯ ОБОСНОВАННОСТЬ РЕЛИГИОЗНЫХ МЕТОДОВ

В предыдущих главах мы рассмотрели всеобщность и необходимость религиозного идеала (вечно существующее, вечно сознательное Блаженство-Бог) и практические методы его достижения. Теперь давайте обсудим достоверность последних.

Эти методы по своей сути практичны, и, если им следовать, идеал несомненно будет достигнут, неважно, занимаемся мы их теоретическим обоснованием или нет. Их достоверность демонстрируется самим практическим результатом — ощутимым и реальным.

Мы понимаем, что нет реальной необходимости представлять теоретическую основу достоверности. Но только ради удовлетворения тех, кого это интересует, мы рассмотрим априорную достоверность теорий познания, на которых основываются методы, для того чтобы их достоверность могла быть продемонстрирована также и теоретически.

И отсюда возникает эпистемологический вопрос. Каким образом и как глубоко можно познать идеал, то есть истину? Чтобы понять, каким образом мы познаем идеал, мы должны рассмотреть средства, с помощью которых мы познаем окружающий мир. Мы должны исследовать процесс познания мира. Тогда мы увидим, идентичен ли процесс познания мира процессу познания идеала и существует ли окружающий мир отдельно от идеала, или идеал пронизывает окружающий мир и лишь только процессы их познания являются разными.

Прежде чем продолжить, давайте обсудим инструменты познания — средства, благодаря которым познание мира становится для нас возможным. Существует три инструмента, или три средства, познания: чувственное восприятие, умозаключение и интуиция.

ТРИ ИНСТРУМЕНТА ПОЗНАНИЯ

1. Чувственное восприятие

Наши органы чувств подобны окнам, через которые сигналы извне поступают в мозг и регистрируются в виде впечатлений. Мозг пассивно принимает эти впечатления. Если он находится в бездействующем состоянии, ни одно впечатление от сигналов извне, поступающих через «окна» органов чувств, не может быть зарегистрировано.

В мозге не только обеспечивается связь между различными сигналами, получаемыми посредством органов чувств, но и откладывается их воздействие в виде впечатлений. Однако эти впечатления находятся в разрозненном состоянии как беспорядочная масса, пока не включается в действие распознавательная способность (*буддхи*) и не начинает их упорядочивать. Так между ними устанавливается существенная связь, и детали внешнего мира признаются как таковые. Они как бы проецируются и познаются в форме пространства и времени, вызывая ассоциации по разным признакам: количеству, качеству, форме и значению. Тогда дом познается как дом, а не как столб. Все это результат действий интеллекта (*буддхи*).

Когда мы видим предмет, осязаем его и слышим, как он звучит, наш мозг регистрирует все эти впечатления и сохраняет их. *Буддхи* интерпретирует их и проецирует в форме дома с его свойствами: цветом, размером, формой, стилем и его связью с другими предметами в настоящем, прошлом и будущем — в пространстве и времени. Так познается мир.

У психически больного человека тоже сохраняются впечатления в мозге, но они находятся в хаотическом состоянии — они не упорядочены интеллектом и не классифицированы по групповым признакам.

И здесь возникает вопрос: может ли Реальность (идеал; вечно существующее, вечно сознательное Блаженство-Бог) быть познана восприятием такого рода? Является ли процесс познания этого мира (посредством чувственного восприятия) приемлемым для познания высшей истины?

Мы знаем, что интеллект может работать только с материалом, поставляемым органами чувств. Нам известно, что органы чувств подают нам сигналы, касающиеся лишь свойств и их разнообразия. Поэтому интеллект, оперируя в рамках разнообразия, ограничен этой сферой. И хотя он может думать о «единстве разнообразия», тем не менее он не может быть единым с ним, и в этом его недостаток. Интеллектуальное восприятие не способно уловить истинную природу Единой Вселенской Субстанции, лежащей в основе разнообразных проявлений.

Это приговор, который интеллект выносит самому себе. Когда *буддхи* замыкается внутри себя, чтобы рассудить, как глубоко он способен познать Реальность путем интерпретации сенсорных впечатлений, он находит себя безнадежно заточенным в темнице мира ощущений. Там не найти и щели, через которую он мог бы мы заглянуть в сверхчувственный мир.

Оппоненты могут сказать, что, поскольку мы вбиваем клин между чувственным и сверхчувственным миром, наш интеллект не может убедить себя в том, что он способен познать сверхчувственный мир. Но если мы примем, говорят они, что сверхчувственный мир проявляется в чувственном мире и посредством его, тогда, познав интеллектом чувственный мир с его существенными связями, деталями и разнообразием, мы познаём и сверхчувственный мир, проявляющийся как «единство разнообразия»*.

Однако можно задать вопрос: какова же природа такого «знания»? Является ли оно лишь идеей в уме, или это живое *видение* истины (единства разнообразия), непосредственное ее восприятие — лицом к лицу, из первых рук? Обладает ли это «знание» той убедительной силой, какой обладает знание, полученное посредством единения с предметом познания? Конечно, нет. Потому что такое «знание» — всего лишь частичное, дефектное знание; это все равно что изучать реальность через цветное стеклышко. Сверхчувственный мир простирается за пределами этого мира. Таковы наши априорные аргументы против чувственного восприятия как инструмента познания Реальности, то есть Бога.

---

* Так считают приверженцы телеологии. — Прим. автора.

Кроме того, опыт обретения внутреннего покоя показывает, что мы не можем достичь этого блаженного состояния, каковым является Реальность и сам идеал (как это было показано в предыдущих главах), пока не возвысимся в значительной мере над беспокойным состоянием чувственного восприятия. Чем больше мы отстраняемся от ощущений и отвлекающих нас мыслей, тем вероятнее возможность проблеска супраментального состояния Блаженства, или Блаженства-Бога.

Похоже, что в сфере общедоступного опыта обычное восприятие и Блаженство исключают друг друга. Однако ни один из наших методов не основывается на обычном восприятии, поэтому его неспособность уловить Реальность не имеет значения.

2. Умозаключение

Это еще один путь получения знания о мире. Но само умозаключение, будь то дедуктивное или индуктивное, основывается на опыте чувственного восприятия. Из своего опыта мы знаем, что огонь находится там, откуда идет дым; следовательно, когда мы видим дым, мы делаем заключение, что там есть огонь. Это дедуктивное заключение. Но оно возможно лишь только потому, что наш предшествующий опыт с дымом (чувственное восприятие) ассоциировался с огнем.

В индуктивном заключении наблюдается та же зависимость от чувственного восприятия. Допустим, посредством наблюдения мы выявляем, что определенный вид бацилл является причиной холеры. Мы устанавливаем причинную связь между этим видом бациллы и холерой и сразу делаем индуктивное заключение, что где бы мы ни нашли эту бациллу, там есть холера. В то время как наблюдается скачок от известных случаев холеры к неизвестным случаям, тем не менее, посредством умозаключения мы не получаем новых фактов, даже если это новые случаи. Сама возможность установления причинной связи между особой бациллой и холерой вытекает непосредственно из наблюдения (чувственного восприятия) определенных случаев.

Таким образом, умозаключение зависит в конечном счете от чувственного восприятия. Делая умозаключение, мы не находим ничего нового — ничего, кроме того, что уже было найдено посредством наблюдения. В случаях наблюдения за бациллой следует холера, и в случаях умозаключения происходит то же самое: за бациллой следует холера и ничего нового, хотя случаи новые.

Какие бы формы мышления или воображения мы ни использовали, они не позволяют нам встретиться лицом к лицу с Реальностью. Интеллект, или мысль, может упорядочить и систематизировать факты опыта, может попытаться воспринять факты как единое целое, может сделать усилие, чтобы проникнуть в тайну мира. Но его усилия подрываются материалом, с которым он работает: фактами опытного наблюдения, сенсорными впечатлениями. Это голые, грубые факты, разрозненные и ограниченные самой способностью чувственного восприятия. Этот материал больше мешает, чем помогает мыслительному процессу, который сам находится в беспокойном состоянии.

Первый религиозный метод, как мы отметили, — это интеллектуальный метод, использующий мышление для познания Реальности, то есть состояния Блаженства и безмятежности. Но этот метод не эффективен. Наш покой нарушают ощущения и мыслительный процесс, который сам по себе, работая с разнообразными беспокойными сенсорными впечатлениями, не дает нам долго оставаться в сосредоточенном состоянии. И, как результат, мы не можем достичь сознания единства разнообразия. Заслуга интеллектуального метода заключается в том, что, когда мы погружены в мысль, мы в определенной степени отстраняемся от телесных ощущений. Но это всегда лишь временное состояние.

В других двух методах — методе преданной любви к Богу и медитативном — мышление задействовано уже в меньшей мере, но все-таки задействовано. В методе преданной любви (в ритуалах, церемониях и молении — хоровом или индивидуальном) мысль в большей степени направлена на желаемые благоприятные условия. Но попытка сосредоточиться на объекте поклонения или молитве все же присутствует.

Если поток мыслей контролируется или предупреждается, метод преданной любви эффективен. Его недостаток заключается в том, что, по укоренившейся в течение веков привычке, наша концентрация недостаточно глубока и при малейшем нарушении покоя поток блуждающих мыслей быстро возобновляется.

В медитативном методе концентрация направляется на один объект мысли. Благодаря отсутствию внешних условностей и ритуалов, здесь, в отличии от метода преданной любви, исключается возможность быстрого возобновления мыслительного процесса и наблюдается тенденция постепенно оставлять сферу мысли и переноситься в сферу интуиции, к рассмотрению которой мы и переходим.

3. Интуиция

До сего момента мы рассматривали инструменты и процессы познания чувственного мира. Интуиция, о которой пойдет речь, является процессом познания сверхчувственного мира, лежащего за пределами ощущений и мыслей. Это правда, что сверхчувственный мир выражает себя в чувственном мире и через него; правда также и то, что познав полностью чувственный мир, мы можем познать сверхчувственный, но процессы их познания должны быть разными.

Способны ли мы, используя только чувственное восприятие и мышление, познать в полной мере даже чувственный мир? Абсолютно нет. Существует неисчислимое множество фактов, предметов, законов и связей в природе и даже в нашем собственном организме, которые для человечества все еще являются книгой за семью печатями. Еще в меньшей степени мы способны познать посредством чувственного восприятия и мышления сверхчувственный мир.

Интуиция приходит изнутри, мысль приходит извне. Интуиция дает прямое видение Реальности, мысль дает косвенную картину Реальности. Интуиция, движимая особой чуткостью, видит Реальность в ее целостности, а мысль режет ее на куски.

Каждому человеку дано мышление и интуиция. Мышление можно развить, и точно так же можно развить интуицию. В сфере интуиции мы сонастроены с Реальностью — с миром Блаженства, с «единством разнообразия», с правящими в духовном мире внутренними законами, с Богом.

Как мы знаем, что мы существуем? Посредством

чувственного восприятия? Ощущения ли говорят нам первыми, что мы существуем? Разве от них приходит осознание существования? Этого просто не может быть, потому что уже только для того, чтобы ощущения могли дать нам знать, что мы существуем, предполагается существование сознания. Если бы мы не сознавали в момент чувственного восприятия, что мы существуем, то для нас было бы невозможным осознавать предметы посредством органов чувств.

Говорит ли нам умозаключение, то есть мышление, что мы существуем? Абсолютно нет. Материалом мысли являются сенсорные впечатления, которые, как мы уже знаем, не могут дать нам знать о нашем существовании, поскольку им не присуща эта способность. И мыслительный процесс не может нам дать сознание существования, потому что сам по себе мыслительный процесс уже предполагает сознание существования. Когда, сравнивая себя с внешним миром, мы пытаемся думать и делать умозаключение, что мы в нем существуем, сознание существования уже присутствует в момент размышления и умозаключения.

Так если не через ощущения и не через мышление, то как же мы знаем, что мы существуем? Мы можем знать это только через интуицию. Это знание является *одной из форм* интуиции. Интуиция находится за пределами мыслей и ощущений — они как таковые стали возможны благодаря ей.

Очень трудно дать определение интуиции, потому что она для нас естественна, каждый из нас ее чувствует. Разве мы не знаем, что такое сознание существования? Каждый это знает. Оно нам настолько знакомо, что не нуждается в определении. Но спросите человека, как он знает, что он существует, и он растеряется. Он знает, но не может сформулировать. Он, возможно, пытается объяснить, но его объяснение не выявляет того, что он чувствует. Любая форма интуиции имеет эту характерную особенность.

Четвертый религиозный метод, рассмотренный в последней главе, основывается на интуиции. Чем серьезнее мы к нему относимся, тем шире и более определенным становится наше видение Реальности — Бога.

Человечество может прикоснуться к Божественному только через интуицию, и только через интуицию можно соединить чувственный мир со сверхчувственным и *ощутить*, что последний выражается в чувственном мире и посредством его. И тогда теряют свое воздействие ощущения, прекращается вторжение мыслей, Блаженство — Бог становится ощутимым, и сознание «всё в Одном и Один во всем» снисходит на нас. Интуиция и есть именно то, чем обладали великие праведники и святые мира.

Третий, медитативный метод, когда он практикуется добросовестно, тоже уводит нас (как это показано во 2-й главе) в сферу интуиции. Но это несколько окольный путь, и он обычно занимает больше времени, прежде чем мы почувствуем в себе последовательные состояния интуитивного, то есть духовного осознания.

Посредством интуиции Бог может быть осознан во всех Его аспектах

Таким образом, Бог может быть осознан во всех Его аспектах именно посредством интуиции. Мы не имеем органа чувств, посредством которого мы могли бы почувствовать Бога; органы чувств дают нам знание только о Его проявлениях. Мысль, или умозаключение, не может дать нам способность познать Его таким, какой Он есть, потому что мысль не может выйти за пределы данных, поставляемых органами чувств, — она может только упорядочить и проинтерпретировать сенсорные впечатления.

Если органы чувств не могут привести нас к Богу, то и мышление (зависящее от них) не может этого сделать. Поэтому, чтобы познать Бога в Его блаженном и других аспектах, мы должны обратиться к интуиции.

Однако, существует много препятствий, затрудняющих интуитивное восприятие — постижение истины. Назовем некоторые из них: болезнь, умственная неспособность, сомнения, лень, погружение в мирское, ложные идеи и неуравновешенность. Они либо врожденные, либо приобретенные и усугубленные общением с другими.

Наши врожденные наклонности (*самскары*), ведущие к ошибкам, могут быть преодолены сосредоточенным усилием (*пурушакара*). Тренируя свою силу воли, вы можете избавиться от всех своих недостатков. Только правильным усилием и общением с хорошими людьми, преданными Богу, мы можем искоренить все наши плохие привычки и сформировать новые хорошие привычки. Пока мы не войдем в окружение тех, кто увидел, почувствовал и осознал в своей жизни истинную религию, мы, возможно, так и не узнаем, что это такое и в чем кроется ее универсальность и необходимость.

Дух искателя присущ всем нам. Каждый человек в мире ищет истину. Это его бессмертное наследство, и он будет его искать. Либо вслепую, либо вооруженный мудростью он будет искать его до тех пор, пока полностью не вернет его себе. И никогда не поздно начать этот поиск. «Просите, и дано будет вам; ищите, и найдете; стучите, и отворят вам»*.

---

* Мф 7:7.

Об авторе

«В жизни Парамахансы Йогананды в полной мере проявился идеал любви к Богу и служения человечеству... Хотя большую часть своей жизни Йогананда провел за пределами Индии, он все же занимает свое место среди наших великих святых. Плоды его работы продолжают расти и сиять все ярче, привлекая людей всего мира на путь духовного паломничества».

(Из сообщения индийского правительства, посвященного выпуску памятной марки в честь Парамахансы Йогананды в день 25-летней годовщины его *махасамадхи*.)

Парамаханса Йогананда (урожденный Мукунда Лал Гхош) родился 5 января 1893 года в городе Горакхпуре, расположенном на северо-востоке Индии у подножья Гималайских гор. С самого раннего детства было видно, что его ожидает божественная судьба. По свидетельству его родных, еще будучи ребенком, он проявил неординарные по своей глубине знание и опыт духовного мира. В юности он посетил многих индийских мудрецов и святых в надежде найти просветленного учителя, который бы его направил в его духовных поисках.

И в 1910 году в возрасте семнадцати лет он встретил глубоко почитаемого Свами Шри Юктешвара и стал его учеником. В ашраме этого великого мастера йоги он провел большую часть последующих десяти лет своей жизни. По окончании Калькуттского университета в 1915 году Парамаханса Йогананда принял обет монаха древнейшего индийского монашеского Ордена Свами, получив при этом имя Йогананда, что означает блаженство (*ананда*) через единение с Богом (*йога*).

В 1917 году Шри Йогананда приступил к главному труду своей жизни — духовному наставничеству, основав йогическую школу («how-to-live» school), где традиционные школьные предметы сочетались с практикой йоги и воспитанием духовных идеалов. Три года спустя он был приглашен представлять Индию на Международном конгрессе религиозных либералов в Бостоне. Его выступление на тему «Религия как наука» было принято с большим энтузиазмом.

На протяжении нескольких последующих лет он выступал с лекциями и учил йоге на востоке США, а в 1924 году совершил трансконтинентальный лекционный тур. В январе 1925 года Шри Йогананда провел двухмесячную серию лекций и учебных занятий в Лос-Анджелесе. Где бы он ни выступал, публика проявляла огромный интерес и энтузиазм. Пресса писала: «Зал филармонии представляет собой исключительное зрелище…Тысячи людей…за час до начала объявленной лекции не могут попасть в уже заполненный до предела зал, рассчитанный на 3000 мест» *(Лос-Анджелес таймс).*

Тогда же в Лос-Анджелесе Шри Йогананда открыл главный международный офис Self-Realization Fellowship, некоммерческого религиозного общества, основанного им в 1920 году для распространения его учений о древней науке йоги, ее философии и медитационных методах*, выдержавших испытание временем. На протяжении последующих десяти лет он много путешествовал, выступая во всех крупных городах Америки. Среди тех, кто стал его последователем, было много знаменитостей в области науки, искусства и бизнеса, таких как ботаник-селекционер Лютер Бербанк, солистка *Метрополитен-опера* Амелита Галли-Курчи; дочь президента Вудро

---

* Путь медитации и общения с Богом, которому обучал Парамаханса Йогананда, известен как *Крийя-йога,* священная духовная наука, берущая свое начало в Древней Индии. «Автобиография йога» Парамахансы Йогананды служит своего рода введением в философию и методы *Крийя-йоги;* детальное изучение этой техники доступно для тех, кто изучает Уроки SRF (Self-Realization Fellowship Lessons).

Вильсона — Маргарет Вильсон; поэт Эдвин Маркхэм и дирижер симфонического оркестра Леопольд Стоковский.

Вернувшись в 1936 году из восемнадцатимесячной поездки в Европу и Индию, Шри Йогананда стал постепенно отходить от публичных выступлений, для того чтобы посвятить свое время письменным трудам, несущим его послание будущим поколениям, а также заложить прочные основы для распространения своего учения по всему миру. История его жизни, изложенная в «Автобиографии йога», была опубликована в 1946 году и с тех пор продолжает переиздаваться. Она была переведена на многие языки и обрела всемирную известность как современная духовная классика.

Сегодня его духовная и гуманитарная работа продолжается под руководством брата Чидананды, президента Self-Realization Fellowship/Yogoda Satsanga Society of India. Помимо издания письменных трудов Йогананды, его лекций, неформальных бесед и всеобъемлющих серий уроков для домашнего изучения (Уроки SRF), общество курирует работу храмов, ретритов, медитационных центров и монашеских общин Self-Realization Fellowship, действующих во всем мире. Его Всемирный круг молитвы служит инструментом физического, ментального и духовного исцеления тех, кто в нем нуждается, и способствует привнесению гармонии в мировую семью наций.

Парамаханса Йогананда снискал всемирную известность как один из величайших духовных деятелей XX столетия. Своим универсальным учением и безупречной жизнью он помог людям всех рас, культур и вероисповеданий осознать и выразить в более полной мере красоту и благородство человеческого духа. Доктор наук Куинси Хау-младший, профессор древних языков в Scripps College, освещая в своей статье жизнь и труд Парамахансы Йогананды, писал о нем: «Парамаханса Йогананда принес из Индии не только вечную надежду на постижение Бога, но и практический метод, при помощи которого духовные искатели разных толков могут быстро продвигаться к этой цели. Духовное наследие Индии, первоначально признанное на Западе лишь на уровне возвышенного и абстрактного, стало доступным в наше время как практика и опыт для всех тех, кто стремится познать Бога — не по ту сторону, а здесь и сейчас… Самый возвышенный метод созерцания Йогананда сделал доступным для всех».

ПАРАМАХАНСА ЙОГАНАНДА, ЙОГ В ЖИЗНИ И СМЕРТИ

Парамаханса Йогананда вошел в состояние *махасамадхи* (окончательный уход из тела, сознательно совершаемый йогом) 7 марта 1952 года в Лос-Анджелесе, Калифорния, после того как произнес речь на банкете в честь посла Индии в США Биная Р. Сена.

Великий мировой Учитель продемонстрировал ценность йоги (научной техники постижения Бога) не только своей жизнью, но и смертью. В течение многих недель после кончины лицо его сияло божественным светом нетленности.

Гарри Т. Роув, начальник морга в мемориальном парке Форест-Лоун, Лос-Анджелес (куда было временно помещено тело великого Мастера), послал в общество Self-Realization Fellowship нотариально заверенное письмо, где, в частности, говорится:

«На теле Парамахансы Йогананды не наблюдается никаких признаков разложения, и это уникальный случай в нашей практике... Никаких свидетельств физического распада не было даже через двадцать дней после смерти... Никаких видимых следов тления на коже, никаких признаков десикации (высыхания) тканей. Как работник морга, по долгу службы изучавший специальные архивы подобных заведений, могу заявить, что это — совершенно беспрецедентный случай... Когда тело Йогананды было доставлено в морг, наши работники ожидали увидеть привычные признаки физического распада. Но с каждым днем наше изумление росло: никаких видимых изменений не происходило. Становилось очевидно, что мы имеем дело с феноменальным случаем: тело Йогананды не подвергалось тлению... Не исходил от тела и запах тлена... 27 марта, когда мы закрыли гроб Йогананды бронзовой крышкой, его тело выглядело точно так же, как и 7 марта — в ночь его смерти.

Итак, 27 марта у нас не было оснований говорить о том, что на теле этого человека проявились хоть какие-то признаки распада. Таким образом, повторяю, случай Парамахансы Йогананды не имеет прецедентов в нашей практике».

Учение Парамахансы Йогананды о Крийя-йоге: дополнительные ресурсы

Общество Self-Realization Fellowship всегда оказывает поддержку духовным искателям всего мира. Мы приглашаем Вас посетить наш сайт или главный международный офис по нижеуказанному адресу, где Вы сможете найти информацию о медитациях и вдохновенных богослужениях, проводимых в наших храмах и медитационных центрах в разных странах мира, а также ознакомиться с расписанием предлагаемых лекций, классов, ретритов и других мероприятий.

www.yogananda.org

Self-Realization Fellowship
3880 San Rafael Avenue
Los Angeles, CA 90065-3219
+1 (323) 225-2471

ЦЕЛИ И ИДЕАЛЫ
Self-Realization Fellowship

как их сформулировал его основатель
Парамаханса Йогананда

Брат Чидананда, президент

Распространять среди народов мира знание об определенной технике обретения прямого личного контакта с Богом.

Учить, что цель жизни состоит в эволюции сознания — расширении ограниченного человеческого, смертного сознания до Божественного Сознания путем работы над собой. С этой целью создавать во всем мире храмы Self-Realization Fellowship для общения с Богом и поощрять создание личных Божьих храмов в домах и сердцах всех людей.

Раскрыть полную сочетаемость и сущностное единство изначального христианского учения, каким его принес в мир Иисус Христос, и изначального учения йоги, каким его принес в мир Бхагаван Кришна. Показать, что истины, изложенные в этих учениях, являются общей научной основой всех истинных религий.

Указать людям единую божественную дорогу, к которой в конечном счете ведут пути всех истинных религий, — дорогу ежедневной, научной и вдохновенной медитации на Бога.

Освободить людей от тройного страдания: физических болезней, дисгармонии ума и духовного неведения.

Поощрять «простую жизнь и высокое мышление»; распространять дух братства среди всех людей и народов, раскрывая им вечную основу их единства — их родство с Богом.

Продемонстрировать превосходство ума над телом и превосходство души над умом.

Преодолевать зло добром, печаль — радостью, жестокость — добротой, неведение — мудростью.

Воссоединить науку с религией путем осознания единства принципов, лежащих в их основе.

Всячески способствовать культурному и духовному взаимопониманию между Востоком и Западом и поощрять взаимный обмен их наилучшими достижениями.

Служить человечеству как своему Высшему Я.

Из изданий Self-Realization Fellowship...

Парамаханса Йогананда
«Автобиография йога»

Эта знаменитая автобиография представляет собой блестящий портрет одного из самых выдающихся духовных деятелей нашего времени. Завораживая своей искренностью, красочным слогом и чувством юмора, Парамаханса Йогананда описывает вдохновляющие события своей жизни: неординарные переживания детства; встречи с мудрецами и святыми в пору юношества, когда он ездил по Индии в поисках просветленного учителя; десять лет духовного обучения в ашраме под руководством глубоко почитаемого мастера йоги и тридцать лет духовного наставничества в Америке. Он также запечатлел свои встречи с Махатмой Ганди, Рабиндранатом Тагором, Лютером Бёрбэнком, католической стигматисткой Терезой Нойман и другими знаменитыми духовными личностями Востока и Запада.

«Автобиография йога» представляет собой одновременно увлекательнейший рассказ о совершенно необыкновенной жизни и основательное введение в древнюю науку йоги с ее тысячелетней традицией медитации. Автор четко объясняет тонкие, но неизменно действующие законы, стоящие как за обыкновенными событиями повседневной жизни, так и за необыкновенными, которые обычно называют чудесами. Захватывающее повествование удивительной жизни ярко высвечивает незабываемый проницательный взгляд на глубочайшие тайны человеческого бытия.

Будучи классическим произведением духовного жанра, эта книга переведена на более чем пятьдесят языков и широко используется в колледжах и университетах в качестве авторитетного справочника. «Автобиография йога» — неизменный бестселлер со дня своего появления в печати более семидесяти лет назад — нашла путь к сердцам миллионов читателей со всего мира.

«Редкая диковинка» — **The New York Times**

«Чрезвычайно увлекательно, просто и ясно» — **Newsweek**

«Ни на английском, ни на других европейских языках йога до сих пор еще никогда не была представлена подобным образом» — **Columbia University Press**

Книги Парамахансы Йогананды на русском языке

Издательство Self-Realization Fellowship

*Доступны на сайте www.srfbooks.org
и в других книжных интернет-магазинах*

«Автобиография йога»

«Вечный поиск»
Первый том собрания лекций, эссе и неформальных бесед Парамахансы Йогананды

«Как говорить с Богом»
Характеризуя Бога как трансцендентного всеобъемлющего Духа, Отца, Мать, Друга и всеобщего Возлюбленного, Парамаханса Йогананда показывает, насколько близок Господь к каждому из нас, а также объясняет, как сделать молитвы настолько интенсивными и убедительными, чтобы они смогли принести ощутимый ответ от Бога.

«Научные целительные аффирмации»
В этой книге Парамаханса Йогананда представляет основательное разъяснение науки аффирмации. Он доступно объясняет, почему аффирмации эффективны, а также каким образом задействовать силу слова и мысли не только с целью исцеления, но и для привнесения желаемых перемен во все сферы жизни. В книге, помимо прочего, содержится огромное многообразие аффирмаций.

«Метафизические медитации»
Более трехсот вдохновенных медитаций, одухотворенных молитв и аффирмаций Парамахансы Йогананды

«Религия как наука»
По словам Парамахансы Йогананды, в каждом человеке живет неотвратимое желание преодолеть все страдания и обрести неиссякаемое счастье. Объясняя, каким образом можно утолить это желание, он в то же время говорит об относительной эффективности разнообразных подходов, применяемых для достижения этой цели.

«Закон успеха»
В этой книге Парамаханса Йогананда разъясняет динамические принципы достижения целей

«Внутренний покой»
Практичное и вдохновляющее руководство, основу которого составляют выдержки из лекций и печатных трудов Парамахансы Йогананды. Эта книга рассказывает о том, как стать «активно спокойным» посредством медитации и «спокойно активным» посредством сосредоточения на безмятежности и радости нашей внутренней сущности, живя при этом динамичной и сбалансированной жизнью, несущей удовлетворение.

«Высказывания Парамахансы Йогананды»
Мудрость Парамахансы Йогананды, запечатленная в его чистосердечных, проникнутых любовью наставлениях всем тем, кто приходил к нему за духовным руководством

«Жить бесстрашно»
Парамаханса Йогананда объясняет, как сломить оковы страха и преодолеть психологические преграды, стоящие на нашем пути. Книга «Жить бесстрашно» ярко демонстрирует, какими мы можем стать, если просто лишь поверим в божественность нашей подлинной сущности — души.

«Быть победителем в жизни»

В этой замечательной книге Парамаханса Йогананда рассказывает, как достичь высочайших жизненных целей, раскрыв свой безграничный внутренний потенциал. Он дает практические советы по достижению успеха, описывает эффективные методы обретения неувядаемого счастья, а также учит, как преодолеть пессимизм и инерцию путем использования динамической силы собственной воли.

«Почему Бог допускает зло»

В книге «Почему Бог допускает зло» Парамаханса Йогананда раскрывает тайны *лилы* — Божественного спектакля жизни. Его комментарии даруют утешение и силы, которые так необходимы во времена испытаний. Читатель поймет, почему Господь задумал двойственную природу мира, в которой переплетены добро и зло, а также узнает, как можно возвыситься над самыми сложными обстоятельствами.

Другие издания
Self-Realization Fellowship

«Отношения между гуру и учеником»
Шри Мриналини Мата

В издательстве «София» (www.sophia.ru)
можно приобрести следующие книги:

«Автобиография йога»

«Бхагавадгита: Беседы Бога с Арджуной»
— Новый перевод и комментарии

В этом монументальном труде Парамаханса Йогананда раскрывает суть самого известного священного писания Индии. Исследуя психологические, духовные и метафизические глубины, он проливает свет на продолжительный путь души к озарению посредством царской науки Богопознания.

Книги Парамахансы Йогананды на английском языке

Autobiography of a Yogi

God Talks With Arjuna: The Bhagavad Gita
— A New Translation and Commentary

The Second Coming of Christ:
The Resurrection of the Christ Within You
— A Revelatory Commentary on the Original Teachings of Jesus

The Yoga of the Bhagavad Gita

The Yoga of Jesus

The Collected Talks and Essays
Volume I: Man's Eternal Quest

Volume II: The Divine Romance

Volume III: Journey to Self-realization

Wine of the Mystic:
The Rubaiyat of Omar Khayyam
— A Spiritual Interpretation

Songs of the Soul

Whispers from Eternity

Scientific Healing Affirmations

In the Sanctuary of the Soul: A Guide to Effective Prayer

The Science of Religion

Metaphysical Meditations

Where There Is Light
— Insight and Inspiration for Meeting Life's Challenges

Sayings of Paramahansa Yogananda

Inner Peace:
How to Be Calmly Active and Actively Calm

Living Fearlessly
— Bringing Out Your Inner Soul Strength

The Law of Success

How You Can Talk With God

Why God Permits Evil and How to Rise Above It

To Be Victorious in Life

Cosmic Chants

Аудиозаписи Парамахансы Йогананды

Beholding the One in All

The Great Light of God

Songs of My Heart

To Make Heaven on Earth

Removing All Sorrow and Suffering

Follow the Path of Christ, Krishna, and the Masters

Awake in the Cosmic Dream

Be a Smile Millionaire

One Life Versus Reincarnation

In the Glory of the Spirit

Self-Realization: The Inner and the Outer Path

Другие издания
Self-Realization Fellowship
на английском языке

The Holy Science
— Swami Sri Yukteswar

Only Love
Living the Spiritual Life in a Changing World
— Sri Daya Mata

Finding the Joy Within You
Personal Counsel for God-Centered Living
— Sri Daya Mata

Intuition:
Soul Guidance for Life's Decisions
— Sri Daya Mata

God Alone
The Life and Letters of a Saint
— Sri Gyanamata

«Mejda»
The Family and the Early Life of Paramahansa Yogananda
— Sananda Lal Ghosh

Self-Realization
(журнал, основанный Парамахансой Йоганандой в 1925 году)

DVD-фильм

Awake:
The Life of Yogananda
Фильм производства CounterPoint Films

*Каталог всех печатных изданий, а также аудио- и видеозаписей
Self-Realization Fellowship доступен на сайте www.srfbooks.org.*

Бесплатный ознакомительный материал

Крийя-йога и другие научные техники медитации, которым обучал Парамаханса Йогананда, а также его руководство по всем аспектам сбалансированной духовной жизни представлены в серии уроков для домашнего изучения — *Self-Realization Fellowship Lessons*. Если вы желаете запросить бесплатный ознакомительный материал по *Урокам SRF*, пожалуйста, посетите веб-сайт www.srflessons.org.

Self-Realization Fellowship
3880 San Rafael Avenue
Los Angeles, CA 90065-3219-USA
Phone +1(323) 225-2471 • Fax +1(323) 225-5088

www.yogananda.org

www.ingramcontent.com/pod-product-compliance
Lightning Source LLC
Chambersburg PA
CBHW032007040426
42448CB00006B/518